早稲田教育出版

■ まえがき ■

　秘書技能検定試験は，スタートしてからの志願者数が800万人に迫っております。大学，短大，ビジネス系専門学校の学生や，高校生からオフィスで働く人々まで，幅広い支持を得ている検定です。それはこの検定が問うているオフィスの基本的職業能力（感じのよい態度振る舞い，言葉遣い，話し方など）がいつの時代も求められているものだからでしょう。

　この問題集は，その秘書検定合格を目指す人のための受験対策用問題集です。秘書技能検定試験の領域である理論編（「必要とされる資質」「職務知識」「一般知識」）と実技編（「マナー・接遇」「技能」）の5領域別に，過去の出題傾向を踏まえた模擬問題で構成しています。

　また巻末に本試験と同形式の模擬試験と，実際に出題された過去問題も掲載しています。模擬問題・模擬試験・本試験のいずれにも解説がありますから，解説を熟読してください。理解することで学習レベルはさらに高まります。

　読者の皆さんが，この本で勉強されることにより

①領域別の模擬問題を多く解くことでその領域の理解がさらに深まる
②模擬試験，本試験を解くことで実力がさらに培われる

そして，

③短期間でも問題を解くことにより，知らず知らずに実力がアップし，見事に
　合格ラインをクリアする

ということを目標にこの本を作りました。

本書を有効活用して，多くの方が秘書検定に合格されることを願っています。

公益財団法人 実務技能検定協会　秘書検定部

■ 本書の利用の仕方

■ 本文
理論編「必要とされる資質」「職務知識」「一般知識」と実技編「マナー・接遇」「技能」に分かれた模擬問題で構成されています。各領域問題にじっくりと取り組むことで，理解が深まり〈合格する力〉が身に付きます。また設問の解答，詳しい解説は右ページに掲載してありますから，効率よく効果的に答えを確認することができ，テンポよく学習を進めることもできます。
なお，各問いの『解答番号』は，印刷の濃さを薄くし，目に入ることで考える妨げにならないよう配慮してあります。

■ 巻末テスト
テスト1：実力テスト／実際の試験問題と同じ形式。合格の目安付き。
テスト2：本番テスト／実際に出題された過去問題を掲載。設問の難易度
　　　　　　　　　　ランク付き。
これらのテストは問題を解いて実力を培うための，総仕上げです。解けなかった問題はチェック欄を利用し，理解できるまで挑戦してみることが大切です。解答解説は別冊になっていて，取り外しが出来るので便利です。

■ POINT
それぞれの設問ごとに，どういうことを問うているのか，そのPOINTを記載しています。問題の芯をつかんだり，解けなかった問題の対策などに役立ちます。

■ これで合格!
単なる問題の解説ではなく，その領域・テーマについての補足をLECTUREとして掲載しています。各領域の理解がさらに深まり，秘書技能の知識も身に付きます。

■ minimini　KEYWORD
それぞれの領域でちょっと押さえておきたい用語を掲載しています。用語からも領域全体が見えてきます。

秘書検定 新クリアテスト 3級　目次

まえがき ……………………………………………… 2
本書の利用の仕方 …………………………………… 3
秘書検定の受け方 …………………………………… 6
秘書技能審査基準（3級）…………………………… 8

理論編

01 必要とされる資質
EXERCISE　秘書的な仕事を行う心構え ………… 10
　　　　　　上司の補佐役 ……………………… 10
　　　　　　指示と報告 ………………………… 14
　　　　　　機密とうわさ ……………………… 16
　　　　　　秘書に求められる能力 …………… 18
　　　　　　人柄・身だしなみ ………………… 26
　　　　　ちょっと押さえておきたい用語「必要とされる資質」…… 30

02 職務知識
EXERCISE　秘書的な仕事の機能と役割 ………… 32
　　　　　　職務に対する心構え ……………… 34
　　　　　　定型・非定型業務 ………………… 38
　　　　　　効率的な仕事の進め方 …………… 46
　　　　　ちょっと押さえておきたい用語「職務知識」………… 52

03 一般知識
EXERCISE　社会常識と企業経営 ………………… 54
　　　　　ちょっと押さえておきたい用語「一般知識」………… 62

実技編

04 マナー・接遇
EXERCISE　人間関係と話し方 …………………… 64
　　　　　　報告の仕方 ………………………… 72
　　　　　　指示の受け方 ……………………… 76
　　　　　　注意・忠告の受け方 ……………… 78

CONTENTS

実技編

電話の応対・・・・・・・・・・・・・・・・・・・・・・・・・・ 80
来客の取り次ぎ・・・・・・・・・・・・・・・・・・・・・・ 86
茶菓の接待・・・・・・・・・・・・・・・・・・・・・・・・・・ 96
慶弔のマナー・・・・・・・・・・・・・・・・・・・・・・・・ 98
贈答のマナー・・・・・・・・・・・・・・・・・・・・・・・・ 102
記述問題／マナー・接遇・・・・・・・・・・・・・・ 104
ちょっと押さえておきたい用語「マナー・接遇」・・・・・・・ 108

05 技　能
EXERCISE 会議・・・・・・・・・・・・・・・・・・・・・・・・・・・・・・・・ 110
文書の作成・・・・・・・・・・・・・・・・・・・・・・・・・・ 112
文書の取り扱い・・・・・・・・・・・・・・・・・・・・・・ 120
郵便の知識・・・・・・・・・・・・・・・・・・・・・・・・・・ 122
ファイリングと資料管理・・・・・・・・・・・・・・ 124
日程管理・オフィス管理・・・・・・・・・・・・・・ 128
記述問題／技能・・・・・・・・・・・・・・・・・・・・・・ 134
ちょっと押さえておきたい用語「技能」・・・・・・・・・・・・ 138

テスト

06 直前模擬試験・・・・・・・・・・・・・・・・・・・・・・・・・・・・ 139
テスト1（実力テスト）・・・・・・・・・・・・・・・・・・・・・ 141

07 本試験問題・・・・・・・・・・・・・・・・・・・・・・・・・・・・・・ 155
テスト2（本番テスト）・・・・・・・・・・・・・・・・・・・・・ 157

解答＆解説編（別冊）

06 直前模擬試験 解答＆解説 編・・・・・・・・・・・・・ 1
テスト1　解答＆解説・・・・・・・・・・・・・・・・・・・・・ 2

07 本試験問題 解答＆解説 編・・・・・・・・・・・・・ 11
テスト2　解答＆解説・・・・・・・・・・・・・・・・・・・・・ 12

■ 秘書検定の受け方 ■

1. 秘書検定の範囲
　試験は「理論領域」と「実技領域」に分けられます。理論領域には「Ⅰ必要とされる資質」「Ⅱ職務知識」「Ⅲ一般知識」があります。実技領域には「Ⅳマナー・接遇」「Ⅴ技能」が含まれています。

2. 合格基準
　理論領域・実技領域とも，それぞれの得点が60％以上のとき合格となります。どちらか一方が60％未満のときは不合格となります。

3. 試験方法
　3級は筆記試験だけです。問題の約90％がマークシート方式であり，五つの選択肢から一つだけ選ぶ択一問題になっています。残りは記述式です。試験時間は110分です。

4. 受験資格
　誰でも受験することができます。学歴・年齢その他の制限はありません。

5. 試験実施日
　原則として，毎年2月，6月，11月に実施されます。

6. 申込受付期間
　試験日のほぼ2カ月前から1カ月前までが受付期間となります。検定協会所定の「受験願書」が付いている「検定案内」で確認してください。

7. 受験申込方法
（1）個人受験の場合
　次の二通りの申し込み方法があります。
①インターネットで申し込む
パソコン，またはスマートフォン，タブレットで以下のアドレスにアクセスし，コンビニエンスストアまたはクレジットカードで受験料を支払う。
　パソコン　https://jitsumu-kentei.jp/
②郵送で申し込む
現金書留で，願書と受験料を検定協会へ郵送する。

（2）団体受験の場合
　学校などを単位としてまとめて申し込みをする場合は，検定協会所定の「団体申込用受験願書」が必要です。「受験願書」に必要事項を記入し，受験料を添えて必ず学校等の担当者に申し込んでください。

8. その他
　試験会場，受験料，合否通知，合格証の発行等については「受験願書」が付いている「検定案内」に書いてあります。不明の点は下記へお問い合わせください。

```
公益財団法人 実務技能検定協会　　秘書検定部
〒169-0075　東京都新宿区高田馬場一丁目4番15号
電話　03(3200)6675　　FAX　03(3204)6758
https://jitsumu-kentei.jp/
```

■ 秘書技能審査基準（3級）■

程度：3級 ── 初歩的な秘書的業務の理解ができ，2級に準じた知識があり，技能が発揮できる。

I 必要とされる資質
(1) 秘書的な仕事を行うについて備えるべき要件
　①初歩的な秘書的業務を処理する能力がある。
　②判断力，記憶力，表現力，行動力がある。
　③機密を守れる，機転が利くなどの資質を備えている。
(2) 要求される人柄
　①身だしなみを心得，良識がある。
　②誠実，明朗，素直などの資質を備えている。

II 職務知識
(1) 秘書的な仕事の機能
　①秘書的な仕事の機能を知っている。
　②上司の機能と秘書的な仕事の機能の関連を知っている。

III 一般知識
(1) 社会常識
　①社会常識を備え，時事問題について知識がある。
(2) 経営に関する知識
　①経営に関する初歩的な知識がある。

IV マナー・接遇
(1) 人間関係
　①人間関係について初歩的な知識がある。
(2) マナー
　①ビジネスマナー，一般的なマナーを心得ている。
(3) 話し方，接遇
　①一般的な敬語，接遇用語が使える。
　②簡単な短い報告，説明ができる。
　③真意を捉える聞き方が，初歩的なレベルでできる。
　④注意，忠告が受けられる。
(4) 交際の業務
　①慶事，弔事に伴う庶務，情報収集と簡単な処理ができる。
　②贈答のマナーを一般的に知っている。

V 技能
(1) 会議
　①会議に関する知識，および進行，手順について初歩的な知識がある。
　②会議について，初歩的な計画，準備，事後処理ができる。
(2) 文書の作成
　①簡単な社内文書が作成できる。
　②簡単な折れ線，棒などのグラフを書くことができる。
(3) 文書の取り扱い
　①送付方法，受発信事務について初歩的な知識がある。
　②秘扱い文書の取り扱いについて初歩的な知識がある。
(4) ファイリング
　①簡単なファイルの作成，整理，保管ができる。
(5) 資料管理
　①名刺，業務上必要な資料類の簡単な整理，保管ができる。
　②要求された簡単な社内外の情報収集ができ，簡単な整理，保管ができる。
(6) スケジュール管理
　①上司の簡単なスケジュール管理ができる。
(7) 環境，事務用品の整備
　①オフィスの簡単な整備，管理，および事務用品の簡単な整備，管理ができる。

SECRETARY

01 必要とされる資質

理論編

各問いの『解答』は，印刷の濃さを薄くし，目に入ることで考える妨げにならないよう配慮してあります。

EXERCISE 秘書的な仕事を行う心構え

① 次は新人秘書Aが、秘書業務について先輩から教えられたことである。中から不適当と思われるものを一つ選びなさい。

1) 上司の私的な用事を頼まれることもあるが、頼まれたら公的な仕事と分け隔てなく行うこと。
2) 仕事をしている限りは、体調が優れないときでも、それが表情や態度に出ないように心がけること。
3) 上司や先輩からの指示を待つだけでなく、しておいた方がよいと思うことは自分から進んで行うこと。
4) 上司をよりよく補佐するためには、飲み物や食べ物の好みなども積極的に尋ねて知るようにすること。
5) 機密を漏らさないことを意識する必要があるが、それによって人間関係を狭めることがないようにすること。

POINT! 秘書業務について教えられたこと

EXERCISE 上司の補佐役

② 秘書Aは取引先との面談から戻ってきた上司から、説明用資料の順番が違っていて説明しにくかったと言われた。順番は、上司に確認してその通りにしたのだが、このような場合Aは、「申し訳ございませんでした」と謝ったあと、どのように言うのがよいか。次の中から不適当と思われるものを一つ選びなさい。

1)「これからは出来上がったときに、お目通しいただくようにいたします」
2)「ご指示の順番通りにしたのですが。今後は気を付けるようにいたします」
3)「これからは気を付けます。どのような順番にすればよかったかお教えいただけますでしょうか」
4)「ご指示のあったときに、私がしっかりと確認するのを忘れてしまいました。これからは気を付けます」
5)「これからは、どのようにすれば分かりやすい順番になるかを考えながらセットするようにいたします」

POINT! 資料に不備があったときの謝り方

必要とされる資質

SECRETARY 01　必要とされる資質

LECTURE　秘書的な仕事を行う心構え

 解答　4）

「解説」
上司をよりよく補佐するために，上司についていろいろ知っておくことは秘書として必要である。食べ物や飲み物の好みというのもその一つであろうが，どのようにして知るのがよいか。仕事をしていく中で分かったり察したりするのはよいが，積極的に尋ねてというのは行き過ぎということである。

■秘書的な仕事を行う心構え
●上司の縁の下の力持ちになる。
●人間関係の潤滑油的存在になる。
●常に明るい態度で仕事をする。
●上司の意向に沿った行動を取る。
① 上司に本来の仕事に専念してもらうため，こまごまとした仕事を担当するのが秘書の役割ですから，雑務も多くなってきます。
② しかし，そうした雑務をいちいち処理していたのでは，時間が不足します。まとめて処理するなど，合理的な仕事ぶりが求められます。
③ 上司が退社するまで，あるいは指示された仕事が完了するまでは，秘書の仕事は終わりません。たとえ私用があっても仕事を優先しなければならないこともあります。

LECTURE　上司の補佐役

 解答　2）

「解説」
確認をしたとしてもそれはそのときのことで，上司は順番が違っていて説明がしにくかったと言っている。仕事の過程にはこのようなこともある。上司が間違っていたのかもしれないから，指示通りにしたなどは言わず，前向きな姿勢が必要ということである。

■上司の補佐役としての心構え
① 秘書は上司の補佐役であり，縁の下の力持ち的存在です。裏方の役割を十分に果たすことが，充実感につながります。
② 秘書は上司とその関係者との間の潤滑油的存在です。そのため協調精神や機転を利かせた対応が大切です。また社内，社外で好ましい人間関係を築くことも，潤滑油であるために必要です。
③ 人間関係を円滑にするには，秘書の明るい態度が大きく影響します。そのためにもストレスをためない，健康に気を配る，寛容な心を常に持つなど，心身の健康に気を付ける必要があります。

❸ 次は，秘書Aが最近行ったことである。中から不適当と思われるものを一つ選びなさい。

1) 上司から急ぎでない資料の作成を指示されたが，時間があったので，すぐに作成して上司に渡した。
2) 上司から指示された仕事が急ぎかどうか分からなかったので，いつまでにすればよいかを確認した。
3) 出社した上司が，体調がよくないと言ったので，今日のスケジュールはこのままでよいかと尋ねた。
4) 他部署の部長から，上司に送った社内メールの返信がないと言われたので，上司に確認をお願いした。
5) 上司が昼食に出かけた後，上司の机の上の雑誌が広げられたままになっていたので，片付けておいた。

秘書としての気の利いた補佐の仕方

❹ 次は秘書Aが，日ごろ行っていることである。中から不適当と思われるものを一つ選びなさい。

1) 上司が何も言わないで外出しようとしたときは，行き先だけは尋ねるようにしている。
2) 上司が外出から戻ってきたときは，言われなくてもお茶やコーヒーなどを入れるようにしている。
3) 上司が出社するまでに上司の部屋を整え終わるように，時間を計算して出社するようにしている。
4) 上司は予定を忘れることが多いので，スケジュールは口頭で伝えるだけでなくメモにして渡している。
5) 休暇は，上司の業務に支障をきたすことがないように，上司が出張などで不在にする日に合わせて取るようにしている。

補佐役としての仕事の仕方

3 解答 5)

「解説」
上司の机の上に雑誌が広げられたままといっても,上司は昼食に出かけている。状況からして,読むのを中断して昼食,帰ってきてから続きを読むことが想定される。従ってAが,広げられたままだからというだけで片付けたのは不適当ということである。

4 解答 1)

「解説」
上司の外出先を知るのは,日程管理上秘書の仕事ではある。しかし,外出先を知らせるようなことではないとか,知られては困る場合もある。この辺は,上司を補佐する秘書の判断で察することになる。言わない外出先は尋ねるようなことではないということである。

EXERCISE 指示と報告

5 次は秘書Aが，上司から指示を受けるときに心がけていることである。中から適当と思われるものを一つ選びなさい。

1) 指示された仕事が期限に間に合いそうもないときは，間に合わなくてよいかを確認している。
2) 指示を受けていてよく分からないところがあったときは，指示の途中でも質問をして確認するようにしている。
3) 指示を受けた仕事で，やり方が分からなくて先輩に教えてもらいたいときは，教えてもらってよいかと確かめている。
4) 指示を受けていてよく聞き取れずに分からなかったときは，指示が終わった後でそれを言って，指示をし直してもらっている。
5) 指示を受けたときは復唱して確認しているが，指示が多くて復唱しきれないときは，どのように復唱すればよいかと尋ねている。

指示を受けるときの心がけ

6 秘書Aは上司から，「手の空いたときでよいから，これをグラフ化しておいてもらいたい」と数字の書かれたメモを渡された。それほど時間がかかりそうにないことだったので，今している仕事を済ませてからにしようとそのままにしておいた。ところが，しばらくして上司から「できたか」と催促された。この場合，Aはどのようにすればよかったか。次の中から<u>不適当</u>と思われるものを一つ選びなさい。

1) それほど時間がかかるものではなかったのだから，指示を受けたときにすぐに行えばよかった。
2) 指示を受けたときいつまでに必要かを尋ね，それによって今している仕事の途中でも行えばよかった。
3) 指示を受けたとき，今している仕事が終わる時間を言ってその後でも間に合うかを確認しておけばよかった。
4) 指示を受けたとき，手の空いたときという曖昧なことでなく何時までにと言ってもらいたい，と言えばよかった。
5) 手の空いたときでよいということであっても，それをうのみ*にするのではなく手の空く時間を伝えて確認すればよかった。

グラフ作成の指示を受けてしばらくしてから催促された

＊「うのみ」とは，物事の真偽をよく考えずそのまま受け入れること

SECRETARY 01　必要とされる資質

LECTURE　　　　指示と報告

5　解答　3)

「解説」
Aが指示されたということは，Aだけでできる仕事だと思われているということであろう。が，この場合は，先輩に教えてもらう必要があるようである。となると，上司からはAだけでできると思われているのだから，教えてもらってよいかを確かめないといけないということである。

6　解答　4)

「解説」
行えばそれほど時間がかかるものではないから，上司は手が空いたときでよいと言ったのである。それを催促されたなら，申し訳ありませんでしたと言ってすぐに行えばよいこと。時間を言ってもらえばよかったなどという，大げさなことではないということである。

これで合格!

LECTURE

■指示されたときの心構え
● 上司の指示には，きちんと従う。
● 上司の指示による仕事は，自分勝手な判断で処理しない。
● 指示されたものに期日指定があれば，その日までに行う。「すぐに」と言われたら，直ちに取りかかる。
● その結果をきちんと報告できる。

指示（命令）の正しい受け方は次の通りです。
① 呼ばれたらすぐ返事をして，メモ用紙と筆記用具を持って行きます。
② 指示は最後まできちんと聞きます。疑問がある場合は，聞き終わってから質問します。
③ メモは 5W3H（Why, What, When, Who, Where, How, How many, How much）の要領で取ります。
④ 上司の説明が終わったら，メモを見ながら要点を復唱します。
⑤ 疑問がある場合は，指示が終わった後で，秘書の立ち場を心得た上で謙虚に話します。上司の意見に従います。
⑥ 指示された仕事が複数あるときは，どちらを優先すべきか上司の指示を仰ぎます。優先順位の決定です。

7 新人秘書Aは先輩から，上司に何かを報告するときには，自分の都合だけでするのではなく，タイミングを選ばないといけないと教えられた。そこでAは，次のような場合は報告をしない方がよいと考えた。中から<u>報告をしてもよい場合</u>を一つ選びなさい。

1) 外出から戻ってきた直後。
2) 退社しようとして身の回りを片付け始めたとき。
3) 面談などが済んで，ゆっくりお茶を飲んでいるようなとき。
4) 会議が行われる前に，会議資料に目を通しているようなとき。
5) パソコンでメールを見た後，浮かない顔をしているようなとき。

POINT!
報告をしない方がよいタイミングとは

EXERCISE　　　機密とうわさ

8 人事部長秘書Aは，出身校の先輩で入社のときに世話になった営業課のCから，「今度来る営業課長は誰だか知っているだろうから，教えてもらえないか」と頼まれた。Aは知ってはいるが，このような場合のCへの対応について，次の中から適当と思われるものを一つ選びなさい。

1) 「具体的なことは分からない」と言って，話題をそらせるようにする。
2) 知っていることを話し，「秘書の立場で知っているのだから不確定だ」とお茶を濁す。
3) 出身校の先輩でもあり，Aは知っているので教えてあげるが，堅く口止めしておく。
4) Cの上司になる人のことだから話すが，「特別で例外的なことだ」と念を押して教える。
5) 「私の立場も理解してもらいたい」と言ってはっきりは言わずに，におわす程度にしておく。

POINT!
人事異動情報を聞かれた場合の対応

7 解答 3)

「解説」
報告の相手は上司なのだから，するのは上司の都合がよいときを選ぶのが原則になる。上司に時間的な余裕のあるときがよいということである。

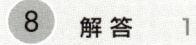

機密とうわさ

8 解答 1)

「解説」
知っていることであっても，事と次第によっては教えてはいけないこともある。この場合は，人事についてのことである。当事者は別として，発表以前には絶対に知らせないのが原則である。

LECTURE

■機密やうわさについて
- ●機密を漏らさないことと，秘書としての節度を守ることは絶対的な条件です。
- ●秘書としては，社内のうわさ話には積極的に加わらない方がよい。

秘書は職務上，さまざまな機密事項に接する機会が多くなります。たとえそれがささいなことであっても口外してはなりません。これは秘書であれば当然守らなくてはならないモラルであり，このことはまた，社会人としても守るべきモラルといえます。そのほか離席するときは重要書類は必ず整理するなど，機密管理にはくれぐれも注意します。親しい相手にはつい機密を話しがちですが，節度をもって接します。

9 新人Aは人事課に配属になった。そのとき先輩から，人事課では機密事項を見たり聞いたりする機会が多いので，注意するようにと言われた。次はAが，先輩の注意をどのようにして守ればよいか考えたことである。中から不適当と思われるものを一つ選びなさい。

1) 少しの間でも，席を外すときは机の上に文書を置いたままにしないようにしよう。
2) 他部署の同僚と仕事の話をするときには，人事課の仕事の話はしないようにしよう。
3) 機密扱いになっている文書をコピーするときは，人のいないときにすることにしよう。
4) 機密事項のようなことを他部署の人に尋ねられたときは，知らないと言うことにしよう。
5) どうしてもおしゃべりをしてしまうので，同僚との個人的な付き合いはしないようにしよう。

秘密事項を扱うときの心得

EXERCISE　秘書に求められる能力

10 秘書Aが取引先からの電話を上司に取り次ごうとしたところ，席にいるはずの上司がいない。社内にはいるはずなので，すぐに戻るだろうと思い折り返し電話をすると言うと，出かけるところだが15分ほどであれば待っていると言う。このような場合，Aは電話を切った後どう対処するのがよいか。次の中から不適当と思われるものを一つ選びなさい。

1) 上司の行き先を知っていそうな課員に事情を話して尋ね，分かればその場所に出向く。
2) 上司は間もなく戻るだろうから，戻ったらすぐに伝えられるよう自席で待機している。
3) 上司が立ち寄りそうな部署に電話し，上司を見かけたらすぐ戻るよう伝えてもらいたいと頼む。
4) 上司の机上に，取引先からの電話のことを書いたメモを置き，Aは上司が立ち寄りそうな部署を捜す。
5) 周囲の人に，上司が戻ったら取引先に電話をするよう伝えてもらいたいと頼み，Aは心当たりを捜す。

社内に席をはずしている上司への電話の対処

SECRETARY 01　必要とされる資質

9　解答　5)

「解説」
仕事上知った会社の機密事項は，たとえ家族であってもしゃべってはいけないことである。要するに機密をしゃべってはいけないのは，誰に対してでもどのような場合でも同様で，同僚と付き合いをするしないの問題ではないということである。

LECTURE　秘書に求められる能力

10　解答　2)

「解説」
取引先はどうしても今，上司と話をしたいのであろう。15分待つと言っているのだから，早く上司を捜し取引先に連絡できるようにするのがAの仕事。間もなく戻ると思っても実際にどうなるかは分からないのだから，自席で待機しているのは不適当ということである。

LECTURE

■秘書に求められる指示されたことを実行する能力
- ●判断力……指示された仕事について，それぞれ具体的な処理方法がすぐに理解できる能力。
- ●記憶力……指示内容を正しく覚えておける能力。
- ●行動力……考えた手順通りに仕事を仕上げられる能力。
- ●表現力……相手に正確に意思を伝達できる能力。

1. 判断力
処理しなければならない仕事を遂行するにあたって，以下の手順で考え処理する能力です。

↓ 21 ページへ続く

11 秘書Aの上司(部長)は,誰も取り次がないようにと言って来客との面談に入った。次はそのときの,上司への取り次ぎ方である。中から不適当と思われるものを一つ選びなさい。

1) 上司の家族からの電話に,来客中なので伝言でよければ聞いておいて伝えるが,よいかと尋ねた。
2) 課長に,取り次がないように言われているので,面談が終わったらこちらから知らせると言った。
3) Aも顔見知りの上司の知人からの電話に,上司は今手が離せないのでこちらからかけ直すと言った。
4) 急用で面会したいと訪ねてきた取引先に,今は取り次がないようにと言われているのでと言って断った。
5) 確認したいことがあるという常務に,面談が終わったらこちらから連絡するので待ってもらえないかと頼んだ。

POINT! 取り次ぎがないようにと言われたときの取り次ぎ方

12 販売部長秘書Aは課長から,「来週木曜日の夜,取引先との会食を考えているが部長の都合はどうか」と尋ねられた。上司は外出中だが,Aは上司から,その日の夜は同窓会に出席する予定だと聞いている。このような場合Aは課長に,「部長は外出中」と言ってからどのように対応すればよいか。次の中から不適当と思われるものを一つ選びなさい。

1)「部長は予定が入っているようだが,戻ったら確認するのでそれまで待ってもらえるか」と言う。
2)「部長が戻り次第確認して返事をさせてもらう」と答え,部長の予定については何も言わないでおく。
3)「部長が戻り次第確認して返事をする」と答え,念のため,会食はその日でないと駄目かを尋ねておく。
4)「部長が戻り次第確認してはみるが,その日は同窓会に出席すると言っていたので無理だと思う」と言う。
5)「部長が戻り次第確認してみるが,その日は無理かもしれないので,他に都合のよい日があれば教えてもらいたい」と言う。

POINT! 上司が外出中に予定が重なったときの対応

SECRETARY 01　必要とされる資質

11　解答　4)

「解説」
取引先とは,会社の事業の相手ということ。その相手が急用で面会したいと言っているのである。来客との面談中は取り次がないようにというのは,後でも間に合う用件の場合である。用件の確認や上司の意向を確かめずに断ってしまうのは不適当。また,取り次がないようにと言われているのは直接的な言い方なので取引先に対して使うのは不適当ということでもある。

12　解答　4)

「解説」
すでに予定があるといっても同窓会はプライベートなことであるから,上司は会食を優先させるかもしれない。どちらに出席するかは上司が判断すること。秘書の立場で会食は無理だと思うなどと言うのは,不適当ということである。

↓ 19ページの続き

1) 何が問題（テーマ）かを把握する（問題把握）

どのような仕事であっても,果たさなければならない問題（テーマ）があります。それを正確・迅速に把握することは,指示されたことを実行するための基本となります。このことは処理する優先順位を決めるための材料として重要です。

2) 事実に基づいて可能な解決方法を考える（事実の分析検討）

実現不可能な方法は解決にはなりません。問題によってふさわしい解決方法を選び出すことが,何より求められます。そのためにも普段から,いろいろなケースにおける解決方法を自らの引き出し（頭）の中に集めておくことです。

3) 最もよい解決方法は何かを考える（結論）

可能な解決方法は複数あることもあります。その中から一般的には費用が少なく,時間もかからず,しかも効果が上がる方法を選びます。

2. 記憶力

1) 上司は秘書の記憶を頼りにしている

上司は秘書の記憶力を頼りにしているものです。スケジュール,資料,会合,人など,記憶する分野はさまざまです。そのため記憶力のよい秘書は上司から高い信頼を受けることになります。

2) メモやノートを活用する

しかし,人の記憶力には限界がありますから,それだけに頼っていると思わぬ落とし穴があります。そこで大事になってくるのがメモやノートです。上司の指示はもちろん,重要な項目,忘れてはならないことを筆記しておくことで,記憶力は補強されます。

3. 行動力

1) なぜ効率性が重視されるのか

秘書がこなさなくてはならない仕事はたくさんあります。しかも時間は限られていますから,一つ一つにゆっくり時間をかけて処理す

↓ 23ページへ続く

必要とされる資質

13 秘書Aの上司が会議中，取引先のK氏が「上司に尋ねたいことができた」と不意に訪ねてきた。上司は会議中と伝えると，「終わるまで待っているので気にしないでもらいたい」と言う。会議の終了は30分後の予定である。このような場合Aは，どのように対処すればよいか。次の中から適当と思われるものを一つ選びなさい。

1) K氏は待つと言っているのだから応接室に案内し，上司が戻るまでAが話し相手をする。
2) K氏を応接室に案内し，課長に事情を話して上司が戻るまで相手をしてもらえないかと頼む。
3) K氏は待つと言っているが，上司にK氏のことをメモで伝え，待ってもらってよいかを確認する。
4) K氏は待つと言っているが，待たせるのは悪いので上司にメモで，K氏と会ってもらいたいと頼む。
5) K氏に，30分も待ってもらうのは申し訳ないので出直してもらえないかと頼み，引き取ってもらう。

POINT!
会議中の上司に不意に訪ねて来た客への対応

14 新人秘書Aは研修で先輩から，「指示された仕事は期限を守ることを第一に考えないといけない」と教えられた。次はそのときAが，間に合いそうもない仕事を期限に間に合わせるためにはどうしたらよいかについて，同僚と考えたことである。中から**不適当**と思われるものを一つ選びなさい。

1) 同僚や先輩に事情を話して手伝ってもらおうか。
2) 家でも行える仕事は，持ち帰って処理しようか。
3) 上役に了承を得て，残業か早出をして処理しようか。
4) 期限に間に合わせる方法を，先輩に相談して教えてもらおうか。
5) 今行っている仕事でも，期限に余裕があれば後回しにしようか。

POINT!
間に合いそうにない仕事を期限に間に合わせるには

SECRETARY 01　必要とされる資質

13　解答　3)

「解説」
終わるまで待つと言われても,上司はK氏の来訪を知らないのだから会うとは限らない。待ってもらっても無駄になるかもしれないのだから,気にしないでもらいたいと言われたとしても,会議中の上司に確認するのがよい対処ということになる。

14　解答　2)

「解説」
仕事を家でするために持ち帰れば,会社の資料などを持ち出すことになり,紛失などの可能性も出る。会社の仕事は,勤務時間内に会社ですることが原則である。間に合いそうにないのなら,先輩に相談するなどして対応しないといけないということである。

↓ 21ページの続き

るわけにはいきません。だからこそ,仕事は効率的に行わなければならないのです。そこで大事になるのが行動力です。

2)　機敏で機転を利かせた行動力
実際に求められている行動力の,一つ目のキーワードは「機敏さ」です。指示されたら,あるいは予定されていることがあるときは,直ちに行動するのが機敏さです。「後でいいだろう」「明日にしよう」と考えるのは秘書にはふさわしくありません。二つ目のキーワードは「機転」です。予定した列車や飛行機の切符が買えなかったときどうするか。予定にないお客さまが来社されたらどうするか。いずれも機転を利かして,対応しなければなりません。いちいち上司に確認せず,自分で判断することもある,これも秘書の行動力です。

4. 表現力
1)　正確な情報伝達を心がける
上司やその関係者に情報を伝達するのは,秘書の重要な仕事の一つです。この,情報伝達を正確に行うということが秘書に求められる表現力の第一なのです。そのためには内容を正確に理解した上で,的確な言葉を用い,簡潔に伝えなければなりません。ビジネス文書技能や話し方技能が重要とされるのもそのためです。

2)　曖昧に話さない
また秘書は,多くの人と直接あるいは電話などで話す機会があります。そのようなとき,曖昧な話し方をしていると何を伝えたいのか分からなくなります。語尾をはっきりと,内容を整理して話すように心がけます。

15 秘書Aが自席に戻ってくると，上司が知人らしき人と電話で話をしていた。途中から聞こえた内容からすると，どうやら共通の知人の家族に不幸があったらしい。このようなときに，Aはどのように気を利かせたらよいか。次の中から適当と思われるものを一つ選びなさい。

1) 香典や供花などについて，どのようにすればよいかとメモで尋ねる。
2) すぐにメモで，電話が終わり次第，詳細を教えてもらいたいと伝える。
3) 知人との会話なのだから，席を外して話の内容は聞かないようにする。
4) 途中から聞いた話なので，上司の指示があるまでは何もしないでおく。
5) 葬儀に参列するかもしれないので，聞かれたらすぐに上司の予定が分かるようにしておく。

POINT! 上司の知人の家族に不幸があったときの気の利かせ方

16 部長秘書Aは本部長から，「来週月曜日の午前中に部長と打ち合わせをしたいが，都合はどうか」と聞かれた。部長は外出中だが，Aは上司から，月曜日は午前中に私用を済ませて午後から出社の予定と聞いている。このような場合Aは，本部長に「上司は外出中」と言ってからどのように対応すればよいか。次の中から不適当と思われるものを一つ選びなさい。

1)「部長が戻り次第確認して返事をさせてもらう」と言って，上司の予定については何も言わないでおく。
2)「部長が戻り次第確認してはみるが，部長は月曜日は午後から出社と言っていたので無理だと思う」と言う。
3)「部長が戻り次第確認して返事をする」と答え，念のため，打ち合わせはそのときでないと駄目かと尋ねておく。
4)「部長は月曜の午前中は予定が入っているらしいが，部長が戻り次第確認してみるので，それまで待ってもらえるか」と言う。
5)「部長が戻り次第確認するが，月曜の午前中は難しいかもしれないので，他に都合のよい日にちがあれば教えてもらえないか」と言う。

POINT! 予定が重なる予約依頼への対応

15 解 答　5)

「解説」
上司が電話で知人らしき人と，共通の知人の家族の不幸について話をしているのである。場合によってはAが準備をする必要もある。Aは秘書だから，聞くともなしに聞いていて，何があってもすぐに対応できるようにしておくというのが，気の利かせ方ということである。

16 解 答　2)

「解説」
上司は私用の予定があっても，本部長との打ち合わせを優先させるかもしれない。まずは確認してからということになる。確認せず無理だと思うなどと本部長に言うのは不適当ということである。また，私的なことは特に必要がなければ言うことではない。

必要とされる資質

17 秘書Aは上司から,「受付担当のDが体調不良で休むので,今日一日Dの代わりを頼む」と指示され受付業務に就いた。次はその日,Aが行ったことである。中から不適当と思われるものを一つ選びなさい。

1) 受付にいても来客のないときがあるので,できる仕事を合間を見て行った。
2) どの部署を訪ねればよいか分からないという来客を,上司に取り次いで対応をお願いした。
3) 顔見知りの来客を受け付けたとき,担当が替わったのかと聞かれたので,Dが休みなのでその代わりと答えた。
4) 上司に,今日中にと指示されていた資料作成を同僚Bに代わりに行ってもらうことの了承を得て,Bに依頼した。
5) 他部署の同期と昼食を一緒にする約束をしていたが,急に受付を担当することになったので日を改めてもらいたいと伝えた。

POINT!
担当の代わりに受付業務を行ったこと

EXERCISE　人柄・身だしなみ

18 秘書Aは先輩Cに,「どのような人が秘書に向いているのか」と尋ねたところ,次のように教えられた。中から不適当と思われるものを一つ選びなさい。

1) 機転が利いて,どのようなことにも積極的に取り組む人。
2) 指示された仕事はその期日をきちんと守る,きちょうめんな人。
3) 明るく朗らかで,仕事が立て込んでいても笑顔を絶やさない人。
4) 面倒見がよく,同僚や後輩などから頼りにされるが,口は堅い人。
5) 同僚にも仕事以外のことは話題にしない,公私のけじめがつけられる人。

POINT!
秘書的な仕事に必要な資質や人柄

SECRETARY 01　必要とされる資質

17 解 答　2）

「解説」
代わりであっても今日の受付担当はAである。目的の部署が分からない来客には、受付担当として通常のやり方で案内しないといけないことになる。Dの代わりを上司から指示されたからといって、上司に対応をお願いするなどはあり得ないということである。

LECTURE　　人柄・身だしなみ

18 解 答　5）

「解説」
公私のけじめをつけることは大切だが、それと仕事のことを話題にすることとは別である。同じ職場にいて、仕事以外のことを話題にしないのではよい人間関係は築けない。特に秘書は、その仕事の性質上人間関係の要にあるので、仕事以外にも多岐にわたって関心を持つことが望ましい。

LECTURE

■求められるパーソナリティー
●人間関係を円滑にするため、謙虚・明朗・情緒の安定が求められる。

他にも「誠実」「寛容」などがあります。具体的な行動でいえば「でしゃばらない」「細やかな配慮をする」「いつも笑みを絶やさない」などです。良好な人間関係を築くためには、自らが中心となるのではなく、相手をたてる必要があります。

●仕事をする上では、素直な態度、協調性が求められる。

秘書は上司の補佐役ですから、判断・決定するのはあくまでも上司です。秘書は自らの考えを参考意見として述べることはありますが、それはあくまでも参考のためです。最終的には自分の意見とは違うことになったとしても、上司の決定や判断に従うことが求められます。

19 次は新人秘書Aが先輩から、秘書の身だしなみについて教えられたことである。中から不適当と思われるものを一つ選びなさい。

1) 洋服の色や形は、他の社員や職場の雰囲気とずれないようにすること。
2) 服飾に気を使うことは大切だが、立ち居振る舞いなどにも注意すること。
3) 洋服は、上着の着脱が楽にできるスーツがよいが、上下が同じ生地のものにすること。
4) 客に与える印象は感じのよさが大切なので、髪形などにも気を使うことが必要である。
5) 服装は、靴を含めて動きやすさで選ぶのがよいが、おしゃれの要素を取り入れることも大事である。

POINT! 秘書の身だしなみ

20 次は新人秘書Aが気付いた、先輩秘書5人の特徴を述べたものである。中から秘書の資質として不適当と思われるものを一つ選びなさい。

1) B ― 動作はきびきびしていて、仕事はてきぱきとこなす。
2) C ― 服装や化粧にセンスがあり、爽やかで清潔感がある。
3) D ― 忙しくても笑顔を絶やさず朗らかで、頼み事をしやすい。
4) E ― 仕事はいつも自分のペースでしていて、人には同調しない。
5) F ― 相手の求めていることを察するのが早く、冷静な判断をする。

POINT! 秘書に求められる資質とは

SECRETARY 01　必要とされる資質

19　解答　3)

「解説」
秘書の仕事には来客応対などがあるのでスーツが適している。また，こまごまとしたことで動くことがあるので，脱いだり着たりが楽にできるものがよい。スーツには上下が同じ生地のものだけでなく，例えば下が黒や紺の無地というものもある。いずれの場合もビジネスの場に適していればよく，上下が同じ生地でないといけないということはない。

20　解答　4)

「解説」
自分のペースとは，仕事の仕方や進め方が自分なりということ。仕事は期限があれば無理をしてでもそれに合わせる，何人かでするときは回りの人と歩調を合わせないとまとまらないなど，一人ではできないもの。自分のペースで行い人には同調しないというのは，不適当ということである。

LECTURE

■秘書としての身だしなみと良識
- 秘書は接客の機会が多い。感じのよさを相手に印象づけるよう心がける。
- 身だしなみが清潔感にあふれ，調和がとれているようにする。
- 礼儀正しい態度と，相手を尊重した言葉遣いをする。

1．身だしなみ
1) 服装
人と接することの多い秘書にとって，服装は相手に好感を与える大きなポイントになります。職場ではもちろん，慶弔などで外出する機会も多いですから，服装には常に気を配ります。服装のポイントとしては動きやすく清潔感があり，その人に似合ったものとなります。重要なのはT（Time＝時）P（Place＝場所）O（Occasion＝場合）をわきまえた服装です。

2) 化粧
清潔感のある化粧を心がけ，マニキュアは濃い色のものは避けましょう。

3) アクセサリー
きらびやかなものや大きなものは避けた方がよいでしょう。仕事の邪魔にならない程度にします。

4) 髪
長い髪は，小さくまとめておくと仕事がしやすいでしょう。お辞儀のたびに髪が前に垂れるのは邪魔な感じがします。

5) 靴
動きやすくて仕事がしやすいという点から，ヒールの高さは中ヒールまでが適当です。

2．礼儀正しい態度と言葉遣い
1) 礼儀正しい態度の必要性
求められる態度の第一は「礼儀正しさ」です。相手の立場を尊重した，礼儀を失しない態度・振る舞いは，社会人としても求められる資質です。

2) 言葉遣いをマスターする
礼儀正しい態度の裏付けが言葉遣いです。そのためにも，普段から言葉遣いには注意するようにします。

ちょっと押さえておきたい用語
「必要とされる資質」

■急ぎの仕事
仕事は，緊急度に応じて優先順位を付けることが大切です。そのために，上司に確認するのはもちろんですが，常日頃から状況判断を身に付けようとする心構えが必要です。

■アポイントメント（約束）のないお客
予約がないお客は，上司の時間が合わなければお断りしても差し支えありません。ただし，状況によっては原則も変わってきますので，公平さと機転を持った対応が望まれます。

■会社の機密
機密には，①極秘＝極めて重要な事柄についての機密，②秘＝極秘に次ぐ機密，③部外秘＝その部署以外の社員に知られてはいけない機密，④社外秘＝社外の人に漏れてはいけない機密，などがあります。

■機転
機転は，重要な能力の一つです。機転を利かすには，上司の仕事の流れを十分に理解しておくこと，適切な判断能力を身に付けておくことが不可欠となります。

■会議中の電話の取り次ぎ
緊急の電話は用件を聞き，概略をメモして会議中の上司に伝えます。上司をやみくもに呼び出したり，口頭で伝えるのは，会議に支障を来しますので好ましくありません。

■指示された仕事
指示された仕事は，①内容を理解し正確に処理する，②仕事が重なったときに的確な優先順位を付けられる，③タイミングのよい正確な報告ができる，ことが必要です。

■身だしなみについて
機能的に行動ができ，清潔感があって，自分に似合っているのが最適です。また，相手に好感を与えるためにも，髪形，お化粧，靴など，時と場所に合ったものが求められます。

■退社時刻
上司よりも先に退社する場合は，手伝えることがないかを確認した上で，はっきりとあいさつをして退社するのが礼儀といえます。

SECRETARY

02

職務知識

理論編

各問いの『解答』は、印刷の濃さを薄くし、
目に入ることで考える妨げにならないよう配慮してあります。

EXERCISE　秘書的な仕事の機能と役割

1 次は秘書Aが最近行ったことである。中から不適当と思われるものを一つ選びなさい。

1) 上司が机の上に決裁書類を広げたまま外出したので，伏せて机の端に寄せておいた。
2) 上司が行き先を言わずに黙って外出しようとしたので，おおよその帰社予定時刻だけを尋ねた。
3) 上司から二つの仕事を同時に指示されたので，どちらを先に行えばよいかを尋ねてから取りかかった。
4) 上司が決裁のときに使う印鑑を机の上に出したまま退社したので，鍵のかかるキャビネットにしまった。
5) 上司が不在中，取引先の部長が新任のあいさつに来たので，上司は不在と言って代わりにあいさつを受けた。

POINT!
上司の補佐として機転を利かしたこと

2 次は秘書Aが，休暇を取るときに行っていることである。中から不適当と思われるものを一つ選びなさい。

1) 休暇日が決まったら同僚などに知らせ，必要なことは自分の代わりを頼んでいる。
2) 休暇日が決まった後は，上司にその日は予定をなるべく入れないようにお願いしている。
3) 休暇を取るときは，上司の予定表を見て上司の仕事に差し支えの少ない日を選んでいる。
4) 体調不良などで急にその日休暇を取るときは，始業時刻に合わせて連絡し許可を得るようにしている。
5) 上司に休暇を申し出るときは，○日に休みますではなく，休ませていただいてよいかという言い方をしている。

POINT!
秘書としての休暇の取り方

LECTURE 秘書的な仕事の機能と役割

1 解答 5)

「解説」
新任のあいさつとは，これからお世話になるのでよろしくということである。ここでは取引先の部長と関係するのは上司なのだから，上司が不在なら課長などに取り次ぐか，後日改めてということになる。秘書が代わって受けるようなことではないので不適当ということである。

2 解答 2)

「解説」
秘書の存在は，上司の仕事が円滑に進むよう補佐するためである。従って，秘書の都合で上司の仕事に支障が出ては秘書のいる意味がなくなる。秘書は上司の都合に合わせないといけない。上司に予定を入れないようになどは不適当ということである。

LECTURE

■機能と役割

●上司が本来の仕事に専念できるよう，周辺の仕事を引き受け，上司を補佐する。

秘書の機能は，上司の仕事の成果を支えるものであり，さらには上司を通して間接的に企業の成果と結び付きます。また，上司の期待に直接応えることで企業の期待に間接的に応えるという役割も担っています。従って秘書は，上司が効率的に仕事が行えるように，できる限りこまごまとした周辺の仕事を引き受け，上司が安心して本来の仕事に打ち込めるようにサポートします。

●あくまでも上司の補佐であり，上司の代理・代行はできない。仕事の基本は以下の通り。

①日常業務以外の仕事は上司と相談してから決める。

②上司に代わって意思決定したり，指示，命令することはできない。

③上司が不在でも，上司の代行をすることはできない。

特に新人秘書の場合は，①独断で仕事をしない。上司の指示を受けてから仕事をする，②上司が不在のときは課内の他の上司や内容が分かる人に相談するのが基本です。

3 次は，下の「　　」内のことについて，秘書Aが行ったことである。中から不適当と思われるものを一つ選びなさい。

「上司のところに，Y社の木村部長が10時に来社することになっていたが，10時30分になっても来ない。上司には11時から会議の予定が入っている」

1) Y社の木村部長秘書に電話をし，木村部長がまだ来ていないことを伝えて何時ごろ会社を出たか尋ねた。
　〈間もなく到着するだろうと言われたので〉
2) 上司に，確認したところ間もなく到着するということだが，11時からの会議は予定通りに出席するか尋ねた。
　〈どうなるかは分からないと言われたので〉
3) 木村部長が来社したときすぐに上司に取り次いだが，11時から予定が入っていることについては何も言わなかった。
4) 11時近くになっても面談が終わりそうもなかったので，会議の主催者に，上司は欠席するかもしれないと伝えた。
5) 11時を過ぎても面談は続いていたが，替えのお茶は出さなかった。

POINT! 予定時間に来社しない客と上司への対応の仕方

EXERCISE　職務に対する心構え

4 総務部長秘書Aは広報部員から，「明後日の10時から11時まで，総務部が会議室を予約しているようだが，この時間をずらしてもらえないか」と言われた。広告代理店との打ち合わせを忘れて予約しなかったのだという。総務部では月例の部内連絡会を予定している。このような場合Aはどのように対応するのがよいか。次の中から適当と思われるものを一つ選びなさい。

1) 広報部長が言っていることかを確認して，それによって対応を考える。
2) 総務部長と広報部長の間で相談してもらった方がよいのではないかと言う。
3) 総務部長に事情を話して折り返し返事をするので，待ってもらいたいと言う。
4) こちらは部内会議で調整がしやすいので，広報部で使ってもらってよいと言う。
5) 代理店との打ち合わせなら，広報部の応接コーナーで行う方がよいのではないかと言う。

POINT! 予約している会議室を使わせてほしいと言われた

3 解答 4)

「解説」
上司は11時からの会議は承知の上で面談を続けている。会議に出席するかどうかを決めるのは上司である。面談が終わりそうになくても，Aが会議の主催者に，上司は欠席するかもと伝えるなどは不適当ということである。

LECTURE　　職務に対する心構え

4 解答 3)

「解説」
外部（この場合は広告代理店）との打ち合わせの予約を忘れたのだという。通常，会議室の使用は予約した部署の使用が優先するが，内部の会議で調整をしやすいから譲るのが普通になる。が，総務部の会議だから総務部長に話してから決まる。その後返事をするのが適当ということである。

LECTURE

■心構え

●自分の立場を忘れない。
秘書は上司の補佐役です。上司本来の仕事を肩代わりすることはできません。また任されている日程管理，文書業務，来客応対，電話応対といった業務の進行に関しても，独断専行は許されません。特に経験の浅い秘書は，面会予約（アポイントメント）や文書作成などにおいて，細かく上司に報告・相談する必要があります。

●機密を口外してはならない。
職務上，秘書はさまざまなトップ情報を知る機会があります。その中には機密情報も含まれています。それらを他言したり，ほのめかすような態度は絶対に避けます。相手が親しい同僚でも，他部門の上司でも同様です。

●好ましい人間関係をつくる。
秘書は上司と上司の関係者との間を取り持つ橋渡し役ですから，その関係を常に好ましいものにするよう，最大限に努力します。好ましい人間関係は仕事の成果につながります。

5 部長秘書Aが内線電話を取ると、常務からで、「部長にすぐに来てもらいたいが、都合はどうだろうか」と尋ねられた。部長は在席している。このような場合、Aはどのように言うのがよいか。次の中から不適当と思われるものを一つ選びなさい。

1) 「はい、伺えるかどうかすぐに確認いたします」
2) 「はい、すぐに伺いますのでお待ちくださいませ」
3) 「かしこまりました。すぐ部長にお伝えいたします」
4) 「はい、すぐに確認いたしますので、お待ちいただけますか」
5) 「はい、ただ今部長はお席にいらっしゃいますので、代わります」

POINT! 常務からの内線で部長の都合を聞かれた

6 秘書Aの上司（部長）が外出中、部長会の担当者から「明日急に、臨時部長会を開くことになった。部長の空いている時間を教えてもらいたい」と言われた。今のところ明日上司には予定がなく、Aは上司から「明日何もなければ休むつもりだ」と聞いている。このような場合、Aは担当者にどのように対応したらよいか。次の中から適当と思われるものを一つ選びなさい。

1) 「上司は外出中」と言って、「返事は何時まで待ってもらえるか」と尋ねておく。
2) 「臨時部長会を開く理由は何か」と尋ね、それによって上司の明日の予定を話す。
3) 「今のところ何も予定は入っていないので、そちらの決めた時間に従う」と言う。
4) 「上司は明日休みを取る予定と聞いているので、部長会には出席できないと思う」と言う。
5) 「明日上司は休みを取るかもしれないので、部長会を他の日にしてもらえないか」と頼む。

POINT! 上司が外出中に日程調整の依頼があった

5 解答 2)

「解説」
常務は，上司（部長）にすぐ来てもらいたいが都合はどうかと尋ねているのである。それを，上司に尋ねずに秘書が，すぐに伺うと返事するのは不適当ということである。

6 解答 1)

「解説」
上司が休みたいと言っている日に，会議を開きたいので空いている時間があるかということである。上司に確かめなくては返事のしようがない。従って，上司は外出中であるから，返事は何時まで待ってもらえるかを尋ねておくのが，適当な対応になる。

7 次は秘書Aが，上司のことを理解する上で知っておくとよいと考えたことである。中から不適当と思われるものを一つ選びなさい。

1) 所属団体
2) 家族構成
3) 趣味と嗜好*
4) 休日の過ごし方
5) 出身校と親しくしている友人

＊「嗜好」とは，特に飲食物についての好み

POINT!
上司を理解する上で知っておくこと

EXERCISE　定型・非定型業務

8 次は部長秘書Aが，それぞれの場面で相手に尋ねたことである。中から不適当と思われるものを一つ選びなさい。

1) 朝，先輩から体調不良で休むと連絡があったとき，「休むのは今日だけで大丈夫そうか」と尋ねた。
2) 上司の指示で取引先に面談の申し込みをしたとき，「返事は大体いつごろまでにもらえそうか」と尋ねた。
3) 上司とのスケジュール確認でAが聞いていなかった予定を知らされたとき，「いつ入った予定なのか」と尋ねた。
4) 他部署の部長が上司に確認したいことがあると内線電話があったとき，「面談中だが，すぐでないと駄目か」と尋ねた。
5) 上司から，都合で出社が少し遅れるとの電話が入ったとき，「10時からの取引先との面談はこのままでよいか」と尋ねた。

POINT!
秘書業務として相手に尋ねたこと

7 解答 4)

「解説」
秘書が上司を補佐する上で，上司がどのような人であるかを知っておくことは必要なこと。ただし，補佐は仕事をしている上司に対してすることなので，仕事に関係のないことは必要ない。どのように休日を過ごしているかは仕事に関係ないということである。

LECTURE

■進んで上司を理解する
秘書の仕事は公私にわたって「上司を知る」ことから始まります。そのために上司の好みはもとより，仕事の内容や権限，社内での経歴，生活環境，性格，趣味，信条などを把握し，理解を深めておくことが大切になります。ただし，業務とは関係ない私的な交遊関係などについては，自然に分かる範囲で理解しておけばよく，それ以上の必要性はありません。

LECTURE　　定型・非定型業務

8 解答 3)

「解説」
上司の予定の管理はAの仕事。聞いていなかった予定を知ったのなら，知った時点から管理すればよいだけのこと。必要なことは尋ねるとしても，いつ入った予定かなどは何の関係もないので，Aが尋ねたのは不適当ということである。

LECTURE

■秘書的な仕事の業務内容
- 仕事に直接関連する業務。
- 身の回りの環境整備。
- 上司の私的な仕事。
- 来客受付，茶菓サービス，見送り。
- 慶弔の手配，準備。

秘書の担当業務は非常に広く，まとめると次の通りです。

1) 日程管理
・アポイントメント（面会予約）の取り次ぎ
・予定の作成と記入
・予定変更に伴う調整
・予定の確認

2) 来客接遇・来客の受付と案内
・来客接待（茶菓のサービス）
・見送り

3) 電話応対・上司にかかってきた電話の応対
・上司がかける電話の取り次ぎ
・各種問い合わせや連絡の処理

4) 出張事務
・宿泊先の選定と予約
・交通機関の選定と切符予約
・旅程表の作成

↓ 41 ページへ続く

9 秘書Aの上司が外出中に，見知らぬ客が訪れた。上司の名刺を持っており，先日上司が外出先で，この日時に会う約束をしたのだという。次は，このことについてAが行ったことである。中から不適当と思われるものを一つ選びなさい。

1) 客に，上司が外出中であることと，客のことについては何も聞いていないことを話して謝った。
2) 客から，上司の外出先を尋ねられたので申し訳ない，はっきりとは聞いていないと言った。
3) 客に，上司がいつどこで面談の約束をしたのかを詳しく教えてもらいたいと言って，尋ねた。
4) 客に，後で上司の方から連絡するように伝えるので，名刺をもらえないかと言った。
5) 上司が帰社したとき，客の名刺を渡しながら，来社したときの客の様子を話した。

POINT!
上司が外出中に予約客が訪れた場合の対応

10 秘書Aは上司から，急なことだが，来週T営業所に出張することになったので準備してもらいたい，と言われた。次はそのとき，Aが上司に尋ねたことである。中から不適当と思われるものを一つ選びなさい。

1) 同行者はいるか。
2) 用意する資料はあるか。
3) 宿泊や交通機関について希望はあるか。
4) 急にT営業所に行くことになった理由は何か。
5) T営業所における主な予定はどのようになっているか。

POINT!
出張の準備のために上司に尋ねたこと

11 秘書Aは上司から，来週，W社の部長と課長を食事に招待したいので，どこか店を予約しておいてもらいたいと言われた。次はこのときAが，日にちの他に上司に確認したことである。中から不適当と思われるものを一つ選びなさい。

1) 何時からにするか。
2) 予算はどのくらいか。
3) 料理の種類に希望はあるか。
4) 誰の名前で予約すればよいか。
5) 上司の他に，当社からの同席者はいるか。

POINT!
レストランの予約に必要なこと

SECRETARY 02　職務知識

9　解答　3)

「解説」
上司が外出先でしてきた約束で来訪した客である。Aは知らないのだから謝る以外にないが、来訪に対しては、秘書として普通に対応することになる。いつどこで約束したのかについての詳しい情報は関係のないことで、不適当ということである。

10　解答　4)

「解説」
上司が出張することになったのだから、秘書としてはそのための準備をすることになる。スケジュールによって宿泊や交通機関の手配、予定によって資料の準備が必要になるので尋ねることになるが、出張の理由は準備に何の関係もない。尋ねるのは不適当ということである。

11　解答　4)

「解説」
この場合は、上司が招待するのである。従って予約の名前は上司になり、連絡先としてAの名前を伝えればよいことになる。誰の名前で予約すればよいかなどと確認することではないということである。

↓ 39ページの続き
・関係先との連絡および調整
・旅費の仮払いと精算手続き
5) 部屋管理・上司の執務室，応接室の清掃整備
・環境整備（照明，換気，温度調節，騒音防止など）
6) 文書事務・文書作成，文書清書
・社内・社外文書の受発信事務
・パソコンの操作
7) 会議／会合／慶弔
・会場の準備と受付
・開催案内状，資料の作成と配布
・出席者または主催者への連絡事務
・議事録の作成
8) 経理事務
・交際費の仮払いと精算手続き
・諸会費の支払い手続き
9) 情報管理
・社内外からの情報収集
・情報の伝達
・資料整理
10) 身の回りの世話
・自動車の手配
・お茶や食事の手配
・上司の健康管理
・薬などの購入
・理髪店などの予約
・上司の私的な交際の世話
・上司の私的出納事務
11) 突発的な仕事
・災害，事故が発生したときの対応および来客の誘導
・社内，社外への通報
・盗難にあったときの処理
・交通事故にあったときの処理
・押しかけ来客や強引なセールスに対する処理

以上の業務の中で、難しいのは10)「身の回りの世話」です。上司から依頼された仕事であれば、公私にかかわらず行う、これが基本原則となるでしょう。そこから類推して、たとえ頼まれなくても、行った方がよい仕事も秘書の担当業務となります。

12 次は秘書Aが，上司との面談が終わった客が帰った後行ったことである。中から不適当と思われるものを一つ選びなさい。

1) 客は，出した緑茶に手を付けなかったので，そのことを名刺に書いておいた。
2) 面談で使った資料はAが作成したものなので上司に，資料に不備はなかったかと確認した。
3) 使われた資料の後片付けをしながら，声を荒げていたが，どのような話だったのか尋ねた。
4) 応接セットの椅子が使ったままの状態だったので，置き方を整えた。
5) 少し時間を置いて，面談中に上司に話があると言ってきた課員に，面談が終わったと連絡した。

POINT! 面談の客が帰った後に行ったこと

13 次は部長秘書Aの，一人でいるときにかかってきた電話への対応である。中から不適当と思われるものを一つ選びなさい。

1) 外線で取引先と話しているとき上司机の内線が鳴ったので，事情を話して切り，上司机の内線に出た。
2) 自分の机の外線と上司机の内線が同時に鳴ったので，外線に出て上司机の内線はそのままにしておいた。
3) 内線で話しているときに外線が鳴ったので，外線が入ったので後でかけ直すと言って切り，外線に出た。
4) 上司机の内線と自分の机の内線が同時に鳴ったので，上司机の方に出て自分の方はそのままにしておいた。
5) 外線で外出中の上司と話しているときに別の外線が鳴ったので，上司との電話を保留にして別の外線に出た。

POINT! 電話が重なったときの出方

12 解 答　3)

「解説」
ビジネスの場の面談は，交渉の場であることもある。談笑で終始することもあれば時によりこのようなこともあろう。面談に関係のない者が，いちいち内容に興味を示すなどは慎みに欠ける。どのような話だったのかと尋ねるのは不適当ということである。

13 解 答　1)

「解説」
この場合の外線電話の相手は取引先である。取引先とはいわばお客さまで，会社にとってはお客さま優先になる。上司机の電話であっても内線は内部からの連絡だから，この場合は外線を優先しないといけない。外線を切って内線に出たというのは不適当ということである。

これで合格！

LECTURE

■秘書業務の進め方
● マナー・接遇面（来客応対，電話応対，交際業務など）では，丁寧な落ち着いた態度。
● 技能面（日程管理，文書事務，会議など）では，正確かつ効率的な仕事。

1. 電話応対
伝言メモへ①かけてきた人の氏名（会社名など）②時刻，③用件，④処置，⑤連絡先（電話番号など），⑥受信者名などをしっかり記入します。

2. 日程管理
スケジュールに組んだ予定が全て急ぐわけではありません。後日に回してもよいものもあります。だからこそ上司と相談して，その日にどうしてもしなくてはならない予定を優先し調整します。

3. 文書事務
誤字，脱字あるいはミスがある書類や手紙の清書などは，必要に応じて上司の指示を受けて直します。礼状の代筆や，関係先住所リストの更新などの仕事もあります。

14 秘書Aは上司の不在中，取引先から「送ってもらった書類を確認したところ印が押されていなかった」という電話を受けた。その書類は，上司が自分で封をしたものでAは中身を知らない。このような場合Aは迷惑をかけたことをわびてから，どのようなことを言うのがよいか。次の中から適当と思われるものを一つ選びなさい。

1) 私には分からないので，上司に直接確認してもらいたい。
2) 上司は外出中なので，戻り次第すぐに確認して連絡する。
3) どういう書類か分からないので，詳しく教えてもらいたい。
4) 上司にすぐに印を押してもらうので，送り返してもらいたい。
5) 上司が封をしたものなので気が付かずに申し訳ない。今後は注意する。

POINT!
取引先に送った資料に不備があった

15 秘書Aの上司が地方支店に出張することになり，Aが準備をした。次は出張の前日にAが行ったことである。中から不適当と思われるものを一つ選びなさい。

1) 宿泊予定のホテルに予約の確認をし，到着予定時刻を伝えた。
2) 部内の人に，急ぎの決裁や書類は今日中に出してくれるよう頼んだ。
3) 列車の切符や経理課から仮払いを受けた出張旅費などを，上司に渡した。
4) 上司に，作成した旅程表を渡し，それに沿った行動をしてもらいたいと頼んだ。
5) 訪問する支店に，出張は予定通りと伝え，何か上司に伝えておくことはないかを尋ねた。

POINT!
出張の前日に行ったこと

14 解 答　2)

「解説」
書類に印が押されていないということだが，ただ押し忘れたのか必要がないと思って押さなかったのかは分からない。いずれにしてもAには分からないのだから，上司が外出から戻ったら確認して連絡すると言うのが適切な対応になるということである。

15 解 答　4)

「解説」
旅程表にはその出張の予定が記載されている。従って，上司が行動をするときに参考になるものである。が，秘書が，これに沿った行動をしてもらいたいと頼むようなものではないということである。

EXERCISE 効率的な仕事の進め方

16 秘書Aは上司（T部長）から，K部長に見てもらって返事をもらってくるようにと書類を渡された。急ぎとのことである。AがK部長のところへ行くと部長も部長秘書もいない。近くの人に尋ねると，部長は今は来客中だがすぐに終わる予定，秘書は外出中で帰社は30分後の予定だと言う。このような場合Aは，どのように対処したらよいか。次の中から不適当と思われるものを一つ選びなさい。

1) 内線電話で上司に，K部長は間もなく戻るとのことなのでここで待っていると伝えて待っている。
2) 内線電話で上司に，K部長は今は席にいない，間もなく戻るらしいがどうすればよいかと尋ねて指示を仰ぐ。
3) 近くの人に，急いで見てもらいたい書類があるのでK部長が戻ったら知らせてもらいたいと頼んで帰り，出直す。
4) 急いでK部長の返事が必要なので，部長に見せたら連絡をもらいたいと書いたメモを付けて，書類を秘書の机の上に置いてくる。
5) 急いで返事をもらいたいT部長からの書類があるので戻ったら知らせてほしい，と書いたメモをK部長の机の上に置いてくる。

POINT! 急ぎの書類を届けたが，部長も秘書もいない

17 秘書Aの上司（部長）が社内会議に出席中，他部署の秘書Bが「明日の会議の資料をセットしているが，間に合わないので手伝ってもらえないか」と頼みにきた。会議はあと1時間ほどかかる予定なので，今は時間に余裕がある。このような場合，Aはどのように対応すればよいか。次の中から適当と思われるものを一つ選びなさい。

1) 後でBの上司からAの上司に話しておいてもらいたいと言って手伝う。
2) 今は上司が不在なので，上司が戻ったら了承を得て手伝うと言って，1時間待ってもらう。
3) 今は上司が不在で了承を得られないので，他の秘書に頼んでもらえないかと言って断る。
4) 上司が戻ったら中断させてもらうかもしれないことと，自席で行うのでよければと言って手伝う。
5) 上司が戻るまでの間なら手伝ってもよいが，手伝ったことは内緒にしておいてもらいたいと言って手伝う。

POINT! 上司が社内会議中に他部署からあった手伝い依頼への対応

LECTURE　効率的な仕事の進め方

16　解答　4)

「解説」
K部長の返事を今すぐにはもらえない。となると急ぎなので，少しでも早くもらえる方法を考えることになる。この場合は，秘書が帰社するより部長本人が席に戻る方が早そうである。急ぎだというのに，不在の秘書にメモで依頼し書類まで置いてきてしまうのは不適当ということである。

17　解答　4)

「解説」
上司が不在で時間に余裕があるなら，このような場合，普通は手伝うことになる。が，Aは不在中の上司の秘書である。上司が戻ったときにいなければ秘書の意味がない。従って手伝うとしても自席で，上司が戻ったら中断させてもらうと言っておくのがよいということである。

これで合格！

LECTURE

■業務を効率的に行うには
- 仕事の優先順位を決める。決めにくい場合は上司の指示を受ける。
- 仕事を標準化する。仕事に一つの型（流れ）を作る。
- 空き時間を上手に利用する。

仕事が集中したとき，どの仕事から処理するかを決める，これが仕事の優先順位です。優先順位を誤ると，大事な仕事，重要な仕事が後回しになってしまい混乱します。優先順位を決める基準としては，上司の意向，内容の重要性，時間の制約などがあります。それらを総合的に加味して決めますが，判断に迷うときは上司に確認するようにします。
仕事に一つの型（流れ）を作って標準化すれば，時間を節約することができるし，効率的に行うことができます。例えば退社前の仕事の流れをまとめてみると，以下のようになります。

①予定表を見て，翌日の仕事の手順を考える（仕事の所要時間が分かっていれば，より効率的）。
②部屋の後片付けをする。
③キャビネットやロッカーに鍵をかける。
④郵便物を投函する。
⑤パソコンなど使用した機械を片付ける。
⑥上司の忘れ物などがないかチェックする。
⑦戸締まりと火を点検する。

このように流れを定型化しておけば，忘れる心配はありません。

18 秘書Aは上司の指示で，取引先に書類を届けるため外出することになった。今から出かけると先方に着くのは夕方になるので，そのまま帰宅してよいとのことである。そこで，今日中にしようと考えていた仕事のうち，残っている次の仕事を同僚に代わりに行ってもらうことにした。中から<u>不適当</u>と思われるものを一つ選びなさい。

1) たまっている名刺の整理。
2) 取引先Y社への面談申し込み。
3) 急ぎで注文した雑誌の受け取り。
4) 今日中にと指示されているデータ入力。
5) 明朝一番で行う課内打ち合わせの資料作成。

POINT!
仕事先から直帰のとき同僚に依頼してよい仕事

19 秘書Aの上司（部長）が課長と打ち合わせ中に，他部署の秘書Cが書類を持ってきた。Aの上司に目を通してもらって持ち帰るように指示されてきたという。打ち合わせはあと15分ほどかかる予定である。このような場合Aは，Cにどのように対応するのがよいか。次の中から<u>不適当</u>と思われるものを一つ選びなさい。

1) 打ち合わせ中なので，すぐにということならメモで上司にこのことを伝えて指示を得ると言う。
2) 打ち合わせはあと15分ほどで終わる予定だが，それまで待ってもらうことはできるかと言う。
3) 上司は打ち合わせ中なので，どうすればよいかをCの上司に聞いてきてもらえないかと言う。
4) よければ自分が預かっておき，上司が戻ったら目を通してもらって，すぐにCに知らせると言う。
5) 打ち合わせはあと15分ほどで終わる予定なので，席へ戻って待っていてもらえないか，すぐに知らせるからと言う。

POINT!
上司が打ち合わせ中に他部署から書類確認依頼が来た

18 解答　1)

「解説」
名刺の整理はすぐに終わらせないと困るというものではない。この場合，同僚にも仕事があるのだから代わってもらうのは急ぎの仕事だけにした方がよく，名刺整理を代わりに行ってもらうのは不適当ということである。

19 解答　3)

「解説」
Cが，Aの上司に見てもらって持ち帰るように言われてきたが，Aの上司は打ち合わせ中である。ではどのようにすればよいかになるが，言われてきたのはCである。Aが，どのようにするかCの上司に尋ねてくるように言うことではないということである。

20 秘書Aが退社した上司(部長)の机を見ると，決裁用の印鑑が置いたままになっている。いつもは上司が自分で机の引き出しにしまって鍵をかけるのだが，忘れたらしい。このような場合，Aはどのように対処するのがよいか。次の中から適当と思われるものを一つ選びなさい。

1) 上司の机の鍵のかかっていない引き出しを開けて，入れておくのがよい。
2) 課長に事情を話し，どのようにすればよいかについて指示を受けるのがよい。
3) 明日上司が出社したら渡すことにして，鍵のかかるキャビネットに入れておくのがよい。
4) 上司の携帯に電話をして，印鑑が置いてあると話し，どうすればよいかと尋ねるのがよい。
5) 決裁用の印鑑に秘書が触れることはできないので，新聞などを上に置いて見えないようにしておくのがよい。

POINT! 上司が机に出したままの印鑑の扱い

20 解答　3)

「解説」
印鑑とは自分が認めたという証拠に押すものだから，自分しか押せないもの。そのため上司も鍵のかかる引き出しにしまっているのである。となるとAは秘書なのだから，この場合は上司に代わって，上司がしているように鍵のかかるところに保管しておくのが適当ということである。

ちょっと押さえておきたい用語
「職務知識」

■秘書的な仕事の機能と役割
上司が本来の仕事に専念できるように業務を処理し，補佐をします。従って，上司の代わりに意思決定をしたり，他部門の人に指示を出すことはできません。

■環境の整備
上司の執務室の室内環境（照明，防音，色彩調節，空気調節など）を整備することも，大切な業務の一つです。

■日常業務
上司が本来の仕事に専念できるように業務を処理します。日程管理，接遇，上司の身の回りの世話，部屋の管理，出張事務，文書事務などがあります。

■取材申し込みへの対応
取材を申し込んだ媒体，取材の希望日時，取材趣旨などを確認して，上司に伝え判断を仰ぎます。取材を受ける場合は，事前に資料などを整理しておくことも必要になります。

■スケジュール調整
すでに組まれているスケジュールを変更する際には，柔軟な対応が必要です。予約のある相手先に早急に連絡しておわびをし，相手先の都合に合わせて改めて予約を取ります。

■上司の私的な予定
上司のスケジュールには，友人・知人との会食など私的な予定も含まれます。私的な予定は公式の日程表には書き込まず，個人の日程表に記入しておきます。

■うわさ
特に指示がなくても，知らせた方がよいと思う情報やうわさは，上司に知らせます。しかし，うわさは事実関係をしっかりと確認してから報告することが望まれます。

■注意・意見
原則的には上司本来の仕事に関わることについて，注意や意見を述べることはできません。仮に意見を求められた場合は，事実についてだけ述べるようにします。

SECRETARY

03

一般知識

理論編

各問いの『解答』は，印刷の濃さを薄くし，
目に入ることで考える妨げにならないよう配慮してあります。

EXERCISE 社会常識と企業経営

1 次は用語とその意味の組み合わせである。中から不適当と思われるものを一つ選びなさい。

1) コンテンツ　　　　＝　調査
2) ペンディング　　　＝　保留
3) ミーティング　　　＝　会合
4) ペナルティー　　　＝　罰則
5) ディスカッション　＝　討論

POINT!
用語と意味の組み合わせ

2 次はそれぞれ関係ある用語の組み合わせである。中から不適当と思われるものを一つ選びなさい。

1) ボーナス　　　── 所得
2) エコマーク　　── 環境
3) トップダウン　── 社長
4) スキルアップ　── 資格
5) キャンペーン　── 人事

POINT!
関係ある用語の組み合わせ

3 次の用語の説明の中から不適当と思われるものを一つ選びなさい。

1) 「減益」とは，利益が減ることである。
2) 「減給」とは，給料の額が減ることである。
3) 「増産」とは，生産量を増やすことである。
4) 「増資」とは，天然資源が増えることである。
5) 「減配」とは，配当金の額を減らすことである。

POINT!
経済用語とその説明

一般知識

LECTURE 社会常識と企業経営

1 解 答　1)

「解説」
「コンテンツ」とは,提供される情報の内容のこと。

2 解 答　5)

「解説」
「キャンペーン」は,「ある目的のもとに組織的に人々に働きかける活動。宣伝・啓蒙活動」のことなので,人事とは関係がない。

3 解 答　4)

「解説」
「増資」とは企業が資本金を増やすことである。

■覚えておきたい用語集

企業の社会的責任	企業も社会の一員である以上,自らの利益の追求のみを目的とするわけにはいかない。株主や従業員,消費者に対してのみならず,社会的にも責任を負う必要がある。これが企業の社会的責任であり,「社会性」「公共性」「公益性」などで測ることができる
資本と経営の分離	規模が拡大し資金が必要になると,株式の公開を行い,外部から資金を調達する。その結果,資本は分散し,株主は多数になる。そこで資本と経営は分離することになる
株主	株式会社では出資の見返りに株式を発行する。この株式の所有者。法人株主（企業や団体）と個人株主がある
株主総会	株式会社の最高議決機関
監査役	企業の業務執行を監督検査し,株主の利益を保護する。株主総会で選出される
取締役会	株主総会で選出された取締役の集まり
出資者	企業活動に必要な資本を提供する人
有限責任	出資者の責任が出資額までに限られること。株式会社の株主は有限責任である
組織の構成要素	「協働意欲」＝共に働こうという意欲。「共通目的」＝何をすべきか明確になっている共通の目的・目標。「職能の分化」＝共通目的を達成するために必要な仕事の適切な割り振り。「権限と責任」＝階層の中での権限と責任。以上の要素がそろって,単なる集団が組織になる

4 次は用語とその意味（訳語）の組み合わせである。中から<u>不適当</u>と思われるものを一つ選びなさい。

1) メリット　　　　＝　利点
2) オミット　　　　＝　除外
3) フィット　　　　＝　標的
4) リミット　　　　＝　限界
5) ダイジェスト　　＝　要約

POINT!
用語とその意味の組み合わせ

5 次は用語とその意味の組み合わせである。中から<u>不適当</u>と思われるものを一つ選びなさい。

1) オーナー　　　　　＝　所有者
2) アドバイザー　　　＝　助言者
3) アウトサイダー　　＝　部外者
4) コンシューマー　　＝　生産者
5) オーソリティー　　＝　権威者

POINT!
用語と意味の組み合わせ

6 次は日本の行政機関の略称とその省略されていない名称の組み合わせである。中から<u>不適当</u>と思われるものを一つ選びなさい。

1) 文科省　＝　文部科学省
2) 経産省　＝　経営産業省
3) 国交省　＝　国土交通省
4) 厚労省　＝　厚生労働省
5) 農水省　＝　農林水産省

POINT!
行政機関の名称とその略称の組み合わせ

SECRETARY 03　一般知識

4　解答　3)

「解説」
「フィット」とは適合という意味である。

5　解答　4)

「解説」
「コンシューマー」とは消費者のことである。

6　解答　2)

「解説」
「経産省」とは経済産業省の略称である。

ピラミッド組織	組織が大きくなると，組織は二つの方向に拡大する。一つは「部門化」。製造・販売・人事などの職能が専門化する。もう一つは「階層化」。適正な管理をするために，係長・課長・部長とピラミッド型に拡大する
稟議書	ある案を担当者が起案し，関係者に回覧した後，決定権者に決裁してもらう制度
人事考課	採用・配置転換・昇格・昇進・教育などを行うのが人事。仕事の遂行状態や能力，意欲などを一人一人測るのが人事考課
増資と減資	事業の拡張，縮小などのために資本金を増やすのが増資，減らすのが減資である
財務管理	生産・販売などに伴う，資金の調達と運用に関する活動が財務。資金の流れのバランスと円滑化を図るのが財務管理である
債券	国債，地方債，社債等の総称
債権	貸した金銭などを返してもらう権利

7 次は用語とその意味の組み合わせである。中から不適当と思われるものを一つ選びなさい。

1) タイムラグ　＝　時間差のこと
2) ミスマッチ　＝　一致しないこと
3) アトランダム　＝　規則正しいこと
4) アバウト　＝　おおまかでいいかげんなこと
5) ファジー　＝　曖昧なこと・柔軟性があること

POINT!
用語と意味の組み合わせ

8 次は用語とその意味の組み合わせである。中から不適当と思われるものを一つ選びなさい。

1) モラール　＝　士気
2) グレード　＝　標的
3) レクチャー　＝　講義
4) マージン　＝　利益金
5) ギャップ　＝　食い違い

POINT!
用語とその意味の組み合わせ

9 次は用語とその意味の組み合わせである。中から不適当と思われるものを一つ選びなさい。

1) 減配　＝　配当金の額を減らすこと。
2) 年利　＝　１年間に予想される利益のこと。
3) 外注　＝　会社の仕事の一部を外部に委託してさせること。
4) 原価　＝　製品を作るのに掛かった費用，または仕入値のこと。
5) 抵当　＝　借金を返せないときのために差し出す品物や権利のこと。

POINT!
用語と意味の組み合わせ

7 解答　3)

「解説」
「アトランダム」とは，無作為(むさくい)に選び出すことである。

8 解答　2)

「解説」
「グレード」とは等級などの意味である。

9 解答　2)

「解説」
「年利」とは，1年間にどれだけと決まった利率のことである。

■試験によく出るカタカナ用語

アウトソーシング	会社の一部の仕事を外部に委託してさせること。外注。
アカウンティング	会計
アシスタント	補助者
アポイントメント	面会などの約束・アポ
イベント	行事
イレギュラー	不規則なこと
インストラクター	指導員
インターンシップ	就業体験　実習訓練
インデックス	索引
エージェント	代理人
エキスパート	専門家
エグゼクティブ	重役
エコノミスト	経済学者(経済の専門家)
エコロジー	自然環境保護
エリア	区域
エンジニア	技術者
オーバーワーク	過重労働
オブザーバー	会議などの参加者で議決権がない人
オペレーター	操作係
カジュアル	格式ばらないこと
キャスト	(演劇・映画・テレビドラマなどの)配役
キャリア	経歴
クオリティー	品質
クリエーター	創造的な仕事に携わる人
ケア	世話
コーディネーター	調和が取れるように調整する人
コスト	費用
コミュニティ	地域社会
コメンテーター	解説者
コメント	解説，説明
コンセンサス	合意
サポーター	支援者
シニア	年長者，上級者
ジャンル	部類，種類
スキル	技能
スケールメリット	規模を大きくしたり大量生産をすることで得られる有利性(利益)

10 次は用語とその意味の組み合わせである。中から<u>不適当</u>と思われるものを一つ選びなさい。

1) リサーチ　　＝　調査
2) ターゲット　＝　標的
3) コンテンツ　＝　内容
4) ライセンス　＝　代表
5) ビジュアル　＝　視覚的

POINT!
用語と意味の組み合わせ

11 次は用語とその反対の意味の用語の組み合わせである。中から<u>不適当</u>と思われるものを一つ選びなさい。

1) 債権　――　債務
2) 内需　――　外需
3) 資本　――　預金
4) 公益　――　私益
5) 需要　――　供給

POINT!
用語とその反対の意味の組み合わせ

12 次は時期などに関する用語とその意味の組み合わせである。中から<u>不適当</u>と思われるものを一つ選びなさい。

1) 明後日　＝　二日後のこと
2) 隔月　　＝　一月(ひとつき)置きのこと
3) 一昨年　＝　二, 三年前のこと
4) 下半期　＝　一期の半分の後期のこと
5) 上旬　　＝　1日から10日までのこと

POINT!
時期などに関する用語と意味の組み合わせ

10 解答 4)

「解説」
「ライセンス」とは，免許・許可などの意味である。

11 解答 3)

「解説」
「資本」とは商売や事業をするのに必要な基金のこと。「預金」とは，銀行などの金融機関に金銭を預けること。またその金銭のこと。従って反対の意味の用語ではないので不適当ということである。

12 解答 3)

「解説」
「一昨年」とは，おととし（二年前）のことである。

スタンス	立場
ストック	在庫
セクション	区切られた部分のこと
タイアップ	提携
ダイレクトメール	見込み客へ郵送などで直接送り届ける広告のこと
ツール	道具
デッドライン	最終期限
トピック	話題
トライアル	試行
トレード	取引などのこと
ネットワーク	網状の組織
ノウハウ	物事のやり方のこと
バックナンバー	雑誌など定期刊行物の既刊号のこと
パテント	特許
バリアフリー	高齢者や障害者の日常生活に妨げになる障害を取り除くこと
ハンディー	持ち運びしやすいこと・手軽で扱いやすいこと
パンフレット	商品などを紹介するための簡単な冊子
ビジター	訪問者
ブランド	商標
フロンティア	新分野
マーケティング	商品が，生産者から消費者の手に渡るまでの一切の企業活動
マネージャー	支配人
ミッション	使節団・使命
メッセージ	伝言
メディア	媒体
ライフライン	生活に必要不可欠な，電気，ガス，水道，通信，交通網などのこと
リアクション	反応
リーフレット	宣伝や案内のための1枚もののチラシ
リザーブ	予約すること
リスク	危険
リスト	一覧表
レイアウト	配置
レジュメ	要旨
ロス	損失

ちょっと押さえておきたい用語
「一般知識」

＊以下についての用語や知識を理解しておきましょう。

■企業形態と仕組みについての用語
■企業の組織についての用語
■企業の経営機能と経営管理についての用語
■マーケティングと広告
■ニューメディア・パソコン関連の用語
■法律についての用語
■略語・カタカナ語
■その他の一般知識・社会常識

SECRETARY

04
マナー・接遇

実技編

各問いの『解答』は，印刷の濃さを薄くし，
目に入ることで考える妨げにならないよう配慮してあります。

EXERCISE 人間関係と話し方

❶ 新人秘書Aは先輩たちが、いろいろな場面で「かしこまりました」と言っているのを耳にした。そこで自分も使ってみようと思い、どのようなときに使えばよいかについて、次のように考えた。中から使い方が<u>不適当</u>と思われるものを一つ選びなさい。

1) 受付で来客から「この荷物を預かってもらいたい」と言われたとき。
2) 他部署の部長から「上司が戻ったら連絡をもらいたい」と言われたとき。
3) 課長から「来週の上司の出張予定を教えてもらいたい」と言われたとき。
4) 出張から戻った上司から土産を渡され「課員みんなでどうぞ」と言われたとき。
5) 先輩から「上司の使いで買い物に出かけるので、あとをよろしく」と言われたとき。

POINT!
「かしこまりました」の使い方

❷ 次は新人秘書Aが先輩から、秘書としてふさわしい立ち居振る舞いや言葉遣いについて教えられたことである。中から<u>不適当</u>と思われるものを一つ選びなさい。

1) 勧誘の電話を断るようなときでも、落ち着いた話し方で丁寧な言葉遣いをすること。
2) 場所などを、来客に手を使って教えるときは、指をそろえて手の平を斜め上にして指し示すこと。
3) 上司からの伝言を担当者に伝えるときでも、両手は体の前で重ねきちんとした姿勢で伝えること。
4) 退社する上司にあいさつするときは、座ったままでよいので背筋を伸ばして手を膝の上で重ねること。
5) 指示を受けたときの返事は「分かりました」ではなく、「承知いたしました」などの言葉遣いにすること。

POINT!
秘書としてふさわしい立ち居振る舞いや言葉遣い

マナー・接遇

SECRETARY 04　マナー・接遇

LECTURE　　　人間関係と話し方

1　解 答　4)

「解説」
土産を頂いたときは普通は，礼の言葉として「ありがとうございます」などと言う。「かしこまりました」とは，相手から指示されたことや頼まれたことなどを，誠意を持って実行するという意思を，相手に伝えるときの言葉（返事）なので，言葉遣いが違っているということである。

2　解 答　4)

「解説」
会社の中で目上の人などにあいさつをするときは，やむを得ない場合以外は立ってするというのが基本である。退社する上司へのあいさつも同様。たとえ背筋を伸ばし手をきちんと重ねていたとしても，座ったままというのは不適当ということである。

これで合格!

LECTURE
■話すことと人間関係
●話すこと（言葉）は人間関係をつくる手段である。

自分の考えや気持ちを伝えるときは，言葉を通してそれを表現します。また，他人の考えや気持ちも言葉を通して知ることができます。このように，話すことはそのまま人間関係をつくることにつながっています。

言葉は人と人とをつなぐコミュニケーション（伝達）の重要な手段ですが，コミュニケーションの媒体として必ずしも完全なものではありません。一つの言葉でも人によって受け止め方はさまざまです。また同じ話を聞いても，相手を好きか嫌いかによって，話の受け止め方は違ってきます。

言葉にはこのように限界があります。その限界をわきまえた上で，どうしたら好ましい人間関係をつくれるような話し方（言葉）ができるかを考えます。

3 次の「　　」内は，新人秘書Aがあいさつをしたときの言葉である。中から下適当と思われるものを一つ選びなさい。

1) 上司との面談を終えて帰る客に
「失礼いたします」
2) 不意に来社した見知らぬ客に
「いらっしゃいませ」
3) 退社するとき，残っている社員に
「お先に失礼いたします」
4) 廊下で出会った顔見知りの郵便局配達員に
「いつもお世話さまです」
5) 打ち合わせのため支店から来た社員に
「ご苦労さまでございます」

POINT! いろいろなあいさつのときに遣う言葉

4 次は新人秘書Aが，周りの人とよい関係を保ちながら仕事をするために心がけていることである。中から不適当と思われるものを一つ選びなさい。

1) 身だしなみは，学生のとき教わった基本的なことから，少しずつ周囲に合わせている。
2) みんなとおしゃべりするときは，自分だけ話すことがないよう，相手の話も聞くようにしている。
3) あいさつは自分からするようにしているが，先にされたときは，それにこだわらず明るく返している。
4) 終業時間になっても先輩たちが仕事をしているときは，手伝うことはないかと尋ねてから退社するようにしている。
5) 先輩から昼食を誘われたら特に用事がなければ一緒に行くが，なぜ今日誘ってくれたのかと尋ねるようにしている。

POINT! よい関係を保つ仕事の仕方の心掛け

マナー・接遇

3 解答 5)

「解説」
「ご苦労様」は目上の人が目下の人をねぎらうときの言葉である。Aは新人だから,支店から来た社員が目下の人ということはない。従って「ご苦労さま」と言うのは不適当ということである。

4 解答 5)

「解説」
先輩と昼食に一緒に行くということは,新人としては先輩と親しくなれる,仕事のことを聞けるなどのよい機会になる。先輩の方も,新人を昼食に誘うのに大げさな理由などは,普通はないであろう。このようなことを尋ねるのは不適当ということである。

これで合格!

LECTURE

■あいさつと人間関係

●あいさつは好ましい人間関係づくりのきっかけとなる。

あいさつは人間関係づくりのきっかけです。相手を無視していないことを示し,積極的に関心があることを示します。あいさつから人間関係が始まるのです。あいさつの要領は以下の通りです。「出会ったらほほ笑みかける」「相手が年下でも,自分から先にあいさつする」「名指しであいさつし,誠実な関心を示す」「あいさつされたら相手を見て明るい返事を返す」。

■人間関係を深める話し方

●聞き手の気持ちを考えながら会話を進める。

楽しい会話をするための注意点は,以下の通りです。「話題を豊富にする」「共通の話題を選ぶ」「嫌がる話題,対立しやすい話題は避ける」「一人で話さない,腰を折らない,相づちを打つなど会話のルールを守る」。

5 次は新人秘書Aが先輩から,「　　」内の言葉を言うときのお辞儀について教えられたことである。中から<u>不適当</u>と思われるものを一つ選びなさい。

1) 「ありがとうございます」と相手に礼を言うときは,最敬礼のお辞儀(45度ぐらい)がよい。
2) 「いらっしゃいませ」と言って客を迎えるときは,敬礼(中礼)のお辞儀(30度ぐらい)がよい。
3) 「よろしくお願いいたします」と相手に言うときは,敬礼(中礼)のお辞儀(30度ぐらい)がよい。
4) 「おはようございます」と廊下で先輩にあいさつをするときは,会釈のお辞儀(15度ぐらい)がよい。
5) 「かしこまりました」と上司からの指示の途中で言うときは,最敬礼のお辞儀(45度ぐらい)がよい。

POINT! 場面ごとのお辞儀の仕方

6 次は高橋部長秘書Aが言った言葉である。中から適当と思われるものを一つ選びなさい。

1) 課員に「部長はただ今Y社に伺っております」
2) 上司に「S社から,お中元としてこちらのお菓子を頂戴いたしました」
3) 不意の来客に「高橋に確認いたしますので,お待ちしてくださいますか」
4) 取引先に「その件につきましては,後日,高橋から直接連絡をなさいます」
5) 常務秘書に「こちらの資料を常務にお渡しいただいてよろしかったでしょうか」

POINT! 秘書としての正しい敬語の使い方

SECRETARY 04　マナー・接遇

5 解 答　5）

「解説」
指示を受けているときに途中で，最敬礼のお辞儀をしていたのでは，指示がそこで一時中断してしまう。指示はまだ続くのだから，この場合，するなら会釈程度でよいであろう。お辞儀を丁寧にしようと心がけることは必要だが，状況を考えなくてはいけない場合もあるということである。

6 解 答　2）

「解説」
2）以外の不適当な部分を適当な言い方にすると，1）「伺っております」は「いらっしゃっています」，3）「お待ちしてくださいますか」は「お待ちくださいますか」，4）「連絡をなさいます」は「ご連絡をいたします（差し上げます）」，5）「お渡しいただいてよろしかったでしょうか」は「お渡しいただけませんか」などになる。

理論編

実技編

テスト

7 秘書Aは上司（部長）から，「急なことだが課長に，Y企画の資料を明日中に出させるように」と指示された。このような場合Aは，課長にどのように言うのがよいか。次の中から適当と思われるものを一つ選びなさい。

1) 「部長から，Y企画の資料を明日中に出させるようにと言われましたので，お伝えします」
2) 「急なお願いなのですが，Y企画の資料を明日中に出してください。部長からのご指示です」
3) 「部長から，Y企画の資料を出させるようにとのことです。明日中にとのことでございます」
4) 「Y企画の資料を出させるようにと部長がおっしゃいました。明日中ですので急ぎでお願いします」
5) 「急なお願いですが，部長からY企画の資料を明日中に出すようにとのことですが，お願いできますか」

POINT!
上司の指示で部下に資料を出させるときの言い方

8 次は秘書Aが，話の聞き方として先輩から教えられたことである。中から不適当と思われるものを一つ選びなさい。

1) 話を聞くときは，相手が話しやすいように相づちなどを打ちながら聞くこと。
2) 話に賛成できないものがあっても，それを表すような態度を取らずに聞くこと。
3) 分からないことがあったら，話を聞いている途中でも相手に質問して確かめること。
4) 話を聞くときは，相手から目をそらしたり，よそ見をしたりしないようにすること。
5) 相手が話そうとしていることは，言葉からだけでなく，表情などからもく酌み取るようにすること。

POINT!
話の聞き方として教えられたこと

7 解答 5)

「解説」
部長はAに、資料を「課長に明日中に出させるように」と言っている。これは部長の課長への指示だから、Aはそれを伝えればよい。が相手は課長だから、必要なのはAではないが「急なお願いですが、部長から」と最初に言うのがよい言い方になるということである。1)〜4)の「出させる」、「してください。」と言い切る言い方は指図することになり不適当。

8 解答 3)

「解説」
話のやりとりは、お互いに相手の話を理解しようとして聞いたり話したりされている。このとき、分からないことがあれば質問することになるが、質問は話の区切りがついたときである。途中ですれば、話を止めることになってしまうので不適当ということである。

これで合格！

LECTURE

■分かりやすい説明の仕方
- 説明する内容を十分に理解しておく。
- 分かりやすく説明するためのポイントは、「分かりやすい言葉で話す」「順序よく話す」「具体的に話す」「比較、対照しながら話す」「確認しながら話す」「視点を変えて話す」「質問を受ける（不明点を補う）」。

■依頼のための話し方
- 誠実に話し、相手に応じた話し方をする。
- 依頼するときのポイントは、「相手の真意をつかむ」「具体的な内容を示して、相手の不安感を和らげる」「決して押しつけない」。

■話の聞き方
- 相手の疑問や質問には、できる限り率直に答える。
- 仮に相手が乗り気でなくとも、感情的にならずに話を聞く。

9 次は販売部長秘書Aが，その人のことを社内の人に言うときの言い方である。中から<u>不適当</u>と思われるものを一つ選びなさい。

1) 取引先K社の高橋氏のことを「高橋様」と言っている。
2) 自分の上司中村販売部長のことを「販売部長の中村」と言っている。
3) 同期入社の他部署の山村（男性）のことを「山村さん」と言っている。
4) 上司の上役である佐藤販売本部長のことを「佐藤本部長」と言っている。
5) 総務部長秘書の野田（女性）のことを「総務部長秘書の野田さん」と言っている。

POINT! 役職や名前を社内で言うときの言い方

EXERCISE　　報告の仕方

10 次は新人秘書Aが，上司に報告するときに心がけていることである。中から適当と思われるものを一つ選びなさい。

1) 報告することが幾つかあるときは，よい内容のものから順にするようにしている。
2) 込み入ったことを報告するときは，経過から入り結論を最後に言うようにしている。
3) トラブルなどよくない報告は，上司の予定が立て込んでいるときはしないようにしている。
4) 報告の最後に，報告は以上だと言ってから何か不明な点はなかったかと確認するようにしている。
5) 最初に事実を報告し，その後に自分の感想や意見を，感想（意見）だと断った上で付け加えている。

POINT! 報告するときに心がけていること

9 解答　2)

「解説」
販売部長は社内の人である。社内では，役職は敬称になっているので「販売部長」，「中村部長」，または「部長」となる。「販売部長の中村」は，社外の人などに対して言うときの言い方なので不適当ということになる。

これで合格!
LECTURE
■敬語の三つの種類
- 尊敬語……相手の動作や状態に付けて，直接的に尊敬の意味を表す。
- 謙譲語……自分または身内（家族や会社の人など）の動作や状態をへりくだることによって，間接的に相手を敬う言葉。
- 丁寧語……相手を敬い，物の言い方を丁寧にする言葉。

■間違えやすい敬語
- 尊敬語と謙譲語を取り違えない。
- 二重敬語は使わない。
- 社内の人のことを社外の人に言うときは，敬語や敬称は使わない。ただし，相手が社内の人の身内であれば尊敬語を使う。
- 立場の上の人に，下の人のことを言うときは，尊敬語は使わない。ただし，立場が逆のときは尊敬語を使う。

LECTURE　報告の仕方

10 解答　4)

「解説」
4) 以外の不適当の理由は次の通りである。1) 報告は重要なものや急ぐものから順に。2) 報告は結論を先に経過は後に。3) よくない報告は上司が多忙でもすぐにしないといけない。5) 報告は事実だけをするようにし，感想や意見などは聞かれなければしないのがよい。

これで合格!
LECTURE
■効果的な報告の仕方
- 仕事が終わったらすぐ報告する。
- 結論を先に報告し，経過はその後に述べる。
- 事実と自分の意見や推測を混ぜて報告しない。
- 複雑な内容のときはメモや文書にしておく。

日時，場所，数量などその件に関する固有の情報は，間違えると大変なミスにつながるので，正確，簡潔な報告を心がけます。そのためにもあらかじめ内容を整理しておきます。複雑な内容や日時，数量などを正確に伝え

↓ 75 ページへ続く

11 秘書Aは上司に今日中に報告しておきたいことがあるが，上司は忙しそうにしている。報告は込み入った内容で時間がかかりそうである。このような場合の報告の仕方として，Aは次のように考えた。中から不適当と思われるものを一つ選びなさい。

1) 先に要点だけを報告してから，「詳しくは文書にするがそれでよいか」と尋ねる。
2) 最初に「時間がかかるので結果のみを報告し，経緯は省略する」と言ってから報告する。
3) 先に要点だけを報告してから，「詳しいことについても報告したいが，後の方がよいか」と尋ねる。
4) 最初，報告にどのくらい時間がかかりそうかを言って，それでもよいと言われたら，要領よくまとめて報告する。
5) 最初にどのような報告かを言って，今日中に報告したいがいつごろ都合がよいかと尋ね，そのときにまとめて報告する。

POINT! 上司が多忙なときの報告の仕方

12 次は秘書Aが，上司に報告するとき行っていることである。中から不適当と思われるものを一つ選びなさい。

1) よくない結果の報告は，時間を置かずできるだけ早くしている。
2) 報告する前に，内容を自分が十分に理解しているか確かめている。
3) 込み入った報告をするときは，要点をメモして渡してからしている。
4) 複雑な内容のときは，経過を先に報告し，結論の報告は最後にしている。
5) 報告するのは事実だけにし，意見や感想は聞かれなければ言わないでいる。

POINT! 報告するとき行っていること

11 解答　2)

「解説」
忙しい上司に込み入った報告をするのだから，先に要点や結果を報告するのはよい。その後で上司の都合を尋ね，それに合わせたやり方でするということになる。時間がかかるからと，上司の都合を尋ねずに省略するというのは不適当ということである。

12 解答　4)

「解説」
報告には簡単に済むものから複雑で時間がかかるものまでいろいろあるが，上司が報告を受けるときに，まず聞きたいのは結論であろう。経過や理由は，上司から聞きたいと言われたときに述べればよいことなので，内容が複雑だからと経過を先に報告するのは不適当ということである。

↓ 73ページの続き

なければならないときは，簡単なメモや文書を作成し，一緒に提出するのもよいです。

報告は命令された仕事が終わったときにするのが原則です。特に悪い内容のときは，一刻も早く報告しなければなりません。また，だらだらとした報告を避けるためにも，結論を先に報告します。その後，必要に応じて経過や理由を述べます。ただし，報告のタイミングはよく考えて行うこと。

報告で特に注意したいのは，事実をありのままに述べることです。判断は上司がするからです。意見を求められたときは「私の考えでは……」「私の感じでは……」と，事実とはっきり区別して話します。

EXERCISE 指示の受け方

13 次は秘書Aが，上司から指示を受けるときの受け方や態度について，日ごろ心がけていることである。中から不適当と思われるものを一つ選びなさい。

1) 指示を受けるときは，必ずメモ用紙と筆記用具を持っていく習慣を付けている。
2) 上司の目を見るようにし，分かったことには相づちを打ちながら聞くようにしている。
3) 上司の指示が分かりにくいときは，分かりやすく指示してもらいたいと頼むようにしている。
4) 指示の中で分からないことがあったら質問するが，質問は最後にまとめてするようにしている。
5) 指示が長かったり分かりにくかったとしても，態度に表すようなことはせず，最後まで聞くようにしている。

POINT! 指示の受け方や態度で心がけていること

14 次は新人秘書Aが，上司から指示を受けるときに心がけていることである。中から不適当と思われるものを一つ選びなさい。

1) 指示の要点はメモをし，聞き終えたら復唱している。
2) 要点を復唱してから，質問があればその場で述べる。
3) 同時に幾つかの指示がある場合には，優先順位を確認している。
4) 初めて受ける指示の場合は，具体的な処理方法も確認している。
5) 指示の内容で不明な点があれば，話の区切りごとに確認している。

POINT! 上司から指示を受けるときの心がけ

LECTURE 指示の受け方

13 解 答 3)

「解説」
「分かりやすく指示してもらいたい」と言うことは，頼む言い方であっても，上司に向かって「分かりにくい」と言っていることになる。分かりにくく理解できていないときは，質問して理解できるようにするというのが，上司からの指示の受け方である。

これで合格！

LECTURE

■**指示の効果的な受け方**
- 指示は最後まで聞き，聞き終えてから質問する。
- 指示された仕事の優先順位が分からなければ，上司の指示を仰ぐ。
- 他部署の上司から仕事を指示されたときは，直接の上司に報告し，了解と指示を得る。
- 気持ちを集中して聞く。説明を聞きながら，要点を書き留める（メモを取る）のもよい。

14 解 答 5)

「解説」
指示を受けるとき，分からないところがあったとしても，それをいちいち確認しては，全体がつかめなくなる恐れがある。また上司も煩わしい。最後にまとめて確認するのがよい。

EXERCISE 注意・忠告の受け方

15 次は秘書Aが，仕事上で注意を受けるときや受けたときに心がけていることである。中から<u>不適当</u>と思われるものを一つ選びなさい。

1) 注意されたことは繰り返さないように反省するが，いつまでも気にしないようにしている。
2) 注意は上司からであっても先輩からであっても，区別しないで受け止めるようにしている。
3) された注意が誤解によるものであったとき，誤解だったと話すのは，折りを見てからにしている。
4) 誰かが注意しようとしたときには，「メモを取る」と言って，注意し始めるのを待ってもらっている。
5) 注意されたことをどのように直せばよいかが分からないときは，その場で教えてもらうようにしている。

POINT! 注意を受けるときの心がけ

16 次は秘書Aが，上司や先輩から注意を受けたときの受け止め方である。中から<u>不適当</u>と思われるものを一つ選びなさい。

1) 注意の内容がささいなことの場合でも，その意味をよく理解する。
2) 誰から注意をされたかということにこだわらず，その内容を捉えるようにする。
3) 注意されたことは二度と繰り返さないように反省し，気に留めておくようにする。
4) 注意されたことが明らかに誤解のときは，最後まで聞いて実情を話すようにしている。
5) 注意されたことが納得できないときは，どうしていけないかを確かめてからわびるようにしている。

POINT! 上司からの注意の受け止め方

マナー・接遇

LECTURE　　注意・忠告の受け方

15 解 答　4)

「解説」
一般的にメモを取るのは，間違いを防ぐ，忘れないようにするなどのためである。注意を，忘れないようにメモしておくことはよいが，するなら受けた後になる。自分がメモを取るからという理由で，注意し始めるのを待ってもらうというのは不適当ということである。

16 解 答　5)

「解説」
注意は，されるだけのことがあってされるのだから，されたときは黙って受け入れ，わびなければいけない。これが注意の受け方である。その注意に納得できないことがあったら，後で確かめるということがあってもよいが，わびるのは確かめてからというのでは不適当ということである。

これで合格!

LECTURE

■**注意・忠告の受け方**
● 誰が言ったかではなく，何を言われたかを考える。
● 自分に非があると思ったら「申し訳ありません」と素直にわびる。
● 責任を回避しない。「でも」「だって」「しかし」は禁句。
● 感情的にならない。強がりは言わない。

誰に言われたかではなく，何を言われたかを理解することが大切です。ミスを指摘されたら素直に反省します。「どうせ私なんか」と感情的になったり，「たまたまだった」などと強がりを言うのはプラスになりません。

自分の間違いを指摘されたら，「申し訳ありません」と素直にわびます。仮に自分に言い分があったとしても，ミスはミスです。「でも」「だって」「しかし」と言い訳したり弁解せず，相手が完全に勘違いしているときは，最後まで話を聞き，穏やかに事情を話します。

■**苦情の受け方**
個人とは別に会社にも，消費者などから苦情や注意の電話があります。話は最後まで聞き，感情的にならずにあくまでも冷静に対処します。また，相手の言い分をよく聞き，苦情の理由をつかみ，謝るべきことは謝ります。その上でどうしたらよいか，対応策をお互いに話し合います。

EXERCISE 電話の応対

17 次は秘書Aが、電話応対のときに行っていることである。中から<u>不適当</u>と思われるものを一つ選びなさい。

POINT! 電話応対のときに行っていること

1) かかってきた電話に出るときは、相手が名乗る前に、会社名と部署名を言うようにしている。
2) 相手に伝える用件が幾つかあるときは、その数を先に言ってから、用件に入るようにしている。
3) 電話を取り次ぐときは、すぐに代われるときでも「少々お待ちくださいませ」と言うようにしている。
4) 間違い電話を受けたときは、「何番におかけですか。こちらは○○番で○社と申しますが」と言うようにしている。
5) 電話がこちらのミスで途中で切れたときは、すぐかけ直し、まず切れた理由を説明してから話を続けるようにしている。

18 次は秘書Aが、電話に関して行っていることである。中から<u>不適当</u>と思われるものを一つ選びなさい。

POINT! 電話での言い方、使い方

1) 上司が不在中の、上司の机の内線電話に出るときは、自分の名前を言わず上司の席と言って出ている。
2) 上司から指示を受けているときに外線電話が鳴ったときは、他に人がいなければ上司に断って、電話に出ている。
3) 電話に出たがメモ帳が手元にないときは、「メモ帳を用意するので」と言って用件を言うのを待ってもらっている。
4) 相手の声が小さいときは、「申し訳ありません、お電話が遠いようですが」と言って声の小さいことを伝えている。
5) 上司がよく電話をかける取引先の電話番号は、上司の電話機だけでなく自分の電話機にも短縮ダイヤルとして登録している。

SECRETARY 04　マナー・接遇

LECTURE　電話の応対

17　解答　5)

「解説」
通話中にこちらのミスで電話が切れてしまったのだから，こちらからかけ直すことになる。このようなときはこちら（切った方）が「失礼いたしました」程度は言うとしても，わざわざ理由を説明するようなことではないということである。

18　解答　3)

「解説」
電話に出るときはメモを用意しておくのは基本だが，もし忘れてしまったらどうするか。一般的にメモを取るのは，間違いを防ぐ，忘れないようにするなど自分のためであるから，相手に断ってするようなことではない。必要なら「少々お待ちいただけますか」などと言って待ってもらうのがよいということになる。

これで合格!

LECTURE
■電話の応対
- 相手の都合を考える。いきなり用件に入らない。
- 分かりやすく，はっきりと話す。
- 上司の代理で相手を呼び出すときは，相手が出る前に上司に受話器を渡す。
- 電話が途中で切れたときは，かけた方でかけ直す。
- 外線のときは会社名，内線のときは部署名，個人名を名乗る。
- 用件は5W3Hでメモし，必ず復唱する。
- 間違い電話にも丁寧に応対する。

1. 電話には一方的な性質がある
電話は受け手の都合を考えずにつながります。細やかな配慮を欠くと，相手に迷惑をかけることもあるので注意します。

1) いきなり用件に入らないようにします。「今，ご都合よろしいでしょうか」など，相手の都合を確かめてから話し始めます。
2) 相手の都合を考えてかけます。急ぎでなければ，朝一番，昼過ぎ，退社前など忙しいと予想される時間帯は避けるなどの配慮が必要です。

2. 分かりやすく話す
分かりやすく話すための注意点は，以下の通りです。

1) 名字，名前などの固有名詞は特にはっきり発音します。必要なときは「古屋です。古い新しいの古い。屋根の屋」と説明します。
2) 「企画と規格」「規格と比較」など同音異義語，類音語に注意します。分かりづらいときは，補足説明をします。
3) 専門用語や業界用語，略語は，事情を知らない社外の人にはなるべく使わないようにします。

↓ 83ページへ続く

19 秘書Aが上司から指示を受けているとき，外線電話が鳴った。Aが上司に断って電話に出たところ，上司あての電話である。このような場合，Aは電話の相手にどのように対応するのがよいか。中から適当と思われるものを一つ選びなさい。

1) どのような用件かを尋ね，急ぎの用件のときは取り次ぐ。
2) 上司は今手が離せないので，他の者ではどうかと尋ねる。
3) いつもと同じようにどのような用件かを聞き，上司に取り次ぐ。
4) 上司は今忙しくしているので，改めて電話をもらえないかと言う。
5) 今打ち合わせ中なので，終わり次第こちらから電話するように伝えると言う。

POINT!
指示を受けているときの上司への外線電話への対応

20 秘書Aが休日に，上司に連絡しないといけないことがあって上司に電話をかける場合，用件に入る前に上司に言う言葉として不適当と思われるものを一つ選びなさい。

1)「お休みのところ，申し訳ございません」
2)「休日に，お仕事の話で申し訳ございません」
3)「お取り込み中のところ，申し訳ございません」
4)「せっかくのお休みですのに，申し訳ございません」
5)「お休みの日にお電話を差し上げまして，申し訳ございません」

POINT!
休日に上司に電話するとき始めに言う言葉

19 解 答　3)

「解説」

指示を受けている途中でも外線電話が鳴ったのだから，上司に断ってすぐに出ないといけない。しかも上司宛ての電話である。取り次げば指示は中断するが，続きは後で済むこと。いつもと同じように用件を聞いて，すぐに取り次ぐのがよい対応ということである。

20 解 答　3)

「解説」

「お取り込み中のところ」とは，一般的には，普段の生活の中ではあまりないことをしているとき，それをしていることに対して使う言葉である。この場合は休日に上司にかける電話である。このような言い方は不適当。他に言い方があるということである。

↓ 81 ページの続き

3. 電話のかけ方

1) かける前に用件のポイントをメモします。また，相手の電話番号，所属，氏名を確認します。
2) 相手が出たら，こちらの社名，氏名を名乗ります。
3) 上司に代わって電話するときは目指す相手が出る前に上司に代わります。
4) 用件を伝えるときは，最初に電話した理由を簡潔に述べ，その後具体的な内容を説明します。数字や日付などはメモしやすいようにはっきりと言います。
5) 相手が不在のときは，後でかけ直します。伝言を頼むときは，「伝言をお願いできますでしょうか」とお願いし，用件をメモしてもらい，できれば復唱してもらいます。最後に相手の名前を聞いておきます。
6) あいさつをして静かに切ります。かけた方が先に切るのが原則ですが，相手が上位者のときは相手が切ってからこちらが切ります。
7) 電話が途中で切れたときは，かけた方がかけ直します。通じたら「失礼しました」とあいさつします。

4. 電話の受け方

1) ベルが鳴ったらすぐに出ます。左手に受話器，右手はメモ用の筆記具を持ちます。3回以上鳴ってから出たときは「お待たせしました」と言います。
2) 外線のときは社名を，内線のときは部署名，氏名を名乗ります。
3) 相手が名乗らないときは「失礼ですが，どちらさまでしょうか」と確認します。氏名不詳のまま上司に電話をつないではなりません。
4) 用件は必ず復唱し，メモしておきます。
5) 上司に取り次ぐときは，相手に同じ話をさせないよう，上司に用件を要領よく伝えてから代わります。
6) 上司が電話口に出るまでに時間がかかりそうなときは，「長くなりそうでございますが，こちらから折り返しおかけいたしましょうか。それともこのままお待ちいただ

↓ 85 ページへ続く

21 秘書Aが,かかってきた外線を受付近くの電話で受けていたとき,郵便局の配達員が書留郵便の配達にきた。他の課員は自席で仕事をしている。このような場合,Aはどう対応するのがよいか。次の中から適当と思われるものを一つ選びなさい。

1) 電話を保留にして同僚のところに行き,郵便物への対応を頼む。
2) すぐ済むことなのだから,電話を保留にして郵便物を受け取る。
3) 電話の相手にかけ直すと言っていったん切り,郵便物を受け取る。
4) 電話を保留にし,近くの課員に聞こえるように郵便物への対応を頼む。
5) 外線で電話中なのだから,配達の人に待ってもらいたいと目で合図する。

POINT! 電話中に書留郵便が届いたときの対応の仕方

22 次は,秘書Aの日ごろの電話応対の仕方である。中から不適当と思われるものを一つ選びなさい。

1) 電話をかけるときは,必要な資料をそろえて,用件はあらかじめメモしている。
2) 上司から電話をつなぐように頼まれたら,先方の秘書を通し,相手が出てから上司に代わっている。
3) 取った電話の通話状態がよくないときは,無理に聞き取ろうとせず,かけ直してもらうようにしている。
4) 電話の用件が済んだら「ありがとうございました」と言って受話器を置いているが,そのとき,頭を下げている。
5) 電話が途中で切れた場合,かけた方からかけ直すが,目上の人からかかってきたときは,こちらからかけ直すこともある。

POINT! 電話応対の仕方の基本

マナー・接遇

SECRETARY 04　マナー・接遇

21　解答　4)

「解説」
郵便物の受け取りは，書留なら受領印を押すだけの簡単なこと。電話中に来たら，周りに声をかけて誰かに受け取ってもらえばよいことである。このとき，通話中の電話はいったん保留にするか，受話器の送話口を手でふさいでするのが適当なやり方ということである。

22　解答　2)

「解説」
上司から電話をつなぐように頼まれた場合，相手が出る前に上司と代わるのがマナーである。特に，秘書がいるような地位の高い相手はなおのことである。

↓ 83ページの続き

けますでしょうか」と，こちらから声をかけます。
7) 上司が不在のときは，上司が不在であることを告げ，場合により「お差し支えなければ，ご用件を承りますが」「帰りましたら，こちらからお電話いたしましょうか」などと応対します。最後に「私は秘書の○○です」と名乗ります。
8) 伝言を頼まれたら要点を確認しながら，用件を5W3H（いつ，どこで，誰が，何を，なぜ，どのように，どのくらい，幾ら）の要領でメモを取ります。メモには相手の名前と社名，電話番号，用件，電話連絡の必要性の有無，受付日と時刻，受けた者の氏名などを書きます。メモは上司の机の上に置き，帰ってきたら口頭で電話のあったことを伝えます。
9) 間違い電話がかかってきたときは，自社の電話番号や会社名を名乗り，丁寧に応対します。

EXERCISE 来客の取り次ぎ

23 次は秘書Aが，上司（村田部長）を訪ねてきた客に言ったことである。中から<u>不適当</u>と思われるものを一つ選びなさい。

1) 他部署からの帰りという顔見知りの客に
「申し訳ございません。たった今外出してしまいました」
2) 大雨の中来てもらった客に
「お足元の悪い中，おいでいただきましてありがとうございます」
3) 見知らぬ不意の客に
「大変失礼でございますが，村田とのご面談は初めてでいらっしゃいますか」
4) 予約時間より早く来た客に
「お約束のお時間までまだ少しございますが，すぐにお取り次ぎした方がよろしいでしょうか」
5) 昼近くに，ちょっと寄ったという上司の友人に
「ただ今打ち合わせ中ですが，12時までには終わる予定です。お待ちいただけますでしょうか」

POINT! 来客に対する言葉遣い

24 次は秘書Aが，受付で行っていることである。中から<u>不適当</u>と思われるものを一つ選びなさい。

1) 来客が重なっても，予約の有無には関係なく先着順に受け付けている。
2) 予約客のときは，会社名・名前の他に，念のためいつごろ予約したかを尋ねている。
3) 来客を受け付けているとき電話が鳴ったら，「失礼します」と客に断って電話に出ている。
4) 客には，来社したときだけでなく，帰るときにも椅子から立ち上がってあいさつしている。
5) 電話中に来た客には，手で近くの椅子を示して座って待ってもらいたいと態度で表している。

POINT! 受付での応対の仕方

SECRETARY 04　マナー・接遇

LECTURE　　　　　来客の取り次ぎ

23　解　答　　4)

「解説」
予約客が，たまたま予約時間より早く来てしまったのである。上司の都合が悪ければ別だが，来訪客なのだから，このような場合はすぐ取り次ぐのが一般的な対応である。客に，すぐに取り次いだ方がよいかなどと言うのは不適当ということである。

24　解　答　　2)

「解説」
予約客が来社した場合は，約束をしている相手に，確実に迅速に取り次げばよいことである。会社名と名前を確認するのは必要だが，いつごろ予約したかなどは関係なく，尋ねるのは不適当ということである。

これで合格!

LECTURE
■接遇のマナーと心構え
●誠意を持って応対する。
「接遇」とは，単にその場限りの「もてなし」にとどまるものではありません。それによって生じる人間関係までも含めた，幅広い意味を持っています。それだけに受付や電話応対などで，社内外の人と接することの多い秘書としては，細やかな配慮が必要です。「いらっしゃいませ」というたった一言のあいさつでも，誠意が込もっていなければ，それはそのまま相手に伝わります。お辞儀の仕方や名刺の受け取り方も同様です。どんなときでも，誰に対しても，気持ちを込めて応対します。

●公平，正確，迅速に応対する。
どんな場合であっても，受付では受付順・先着順に公平に応対します。応対では正確さも欠かせません。客の名前や社名あるいは伝言内容を正しく伝えることは，接遇者の基本です。そのためにも「復唱の励行」が必要です。また待たされる側は，ちょっとした時間でも長く感じるものです。迅速な応対により，お客さまを待たせないようにします。事情があって待たせる場合は，待たせる理由を説明し，相手の納得を求めます。

25 次は秘書Aが、受付で行っているお客さま応対である。中から不適当と思われるものを一つ選びなさい。

1) 客の姿が見えたらすぐに立ち上がり、近づいたら「いらっしゃいませ」と言っている。
2) 不意の客は、上司が在席していてもそのことは言わず、どうすればよいかを上司に確認している。
3) 上司が外出中の不意の客には、外出中であることと戻り時間を伝え、どのようにするか尋ねている。
4) 客が重なり受け付けが後になる客には、「少々お待ちくださいませ」などのように声をかけている。
5) 客が名刺を出したら「お預かりいたします」と言って両手で受け取り、会社名と氏名を確認している。

POINT!
受付での来客応対

26 次は秘書Aが名刺に関して行ったことである。中から不適当と思われるものを一つ選びなさい。

1) 相手から名刺を受け取るときは、両手で押し頂くようにして受け取っている。
2) 自分の名刺を相手に渡すときは、右手で出し、左手を添えて渡すようにしている。
3) 相手から名刺を出されたが少し離れていたので、Aの方から近づいて行って受け取った。
4) 受け取った名刺に肩書がない場合は、失礼ですがと言って、肩書を確認するようにしている。
5) 客から名刺を出されたが、上司から断るように言われている客だったので、理由を言って受け取らなかった。

POINT!
名刺の受け渡しの基本

マナー・接遇

25 解答　3）

「解説」
上司が不在中の不意の客である。上司はこのことを知らないのだし，客と面会をするかどうかも分からない。それなのに面会を前提としたようなことを，客に言ったり尋ねたりするのは不適当ということである。

26 解答　4）

「解説」
肩書は社会的な地位を示すものであるから，肩書のある人は普通は名刺にも記載してある。従って，名刺を受け取って肩書のない場合，それを確認するというのは失礼ということになる。

これで合格！

LECTURE

■受付と取り次ぎ
- 客が重なったときは「先着順」に対応する。
- 応対中に電話がかかってきたら，「失礼します」と客に断ってから受話器を取り，手早く話を済ませる。
- 客を待たせるときは可能な限り理由を話し，おわびを言って，待ってもらえるかどうか相手の都合を聞く。

1）客を迎える
立ち上がって，笑顔で「いらっしゃいませ」とあいさつします。

2）名刺の受け方
名刺は両手で丁寧に受け取り，社名と名前を確かめます。読み方が分からないときは，「申し訳ございませんが，お名前は何とお読みするのでしょうか」と尋ねる。名刺を出さない客には，社名と氏名を確認した上で取り次ぎます。

3）アポイントメントのない客（突然の客）に対しては……
突然の客には「どのようなご用件ですか」と社名，氏名，用件を確かめます。面会を避けることがあるので上司の在否は伏せておきます。代わりの者でもよいかどうか確認してから，上司の指示を仰ぎます。

4）アポイントメントのある客に対しては……
「お待ちしておりました」と言い，上司に取り次ぎます。

5）上司が不在のときは……
不在の理由と帰社予定時間を述べ，おわびをします。待つ，代行者と会う，伝言を聞く，出直してもらうなど，客の意向に添った対処をします。

6）上司が面会時間に遅れるときは……
遅れる理由と時間を述べおわびをします。待ってもらえるか都合を聞きます。

7）客が重なったとき
アポイントメントの有無にかかわらず，到着順に受け付けます。

27 秘書Aたち新人は，社内研修でマナー講師から，客に感じのよい応対と思われるにはどのようなことを心がければよいかと質問された。次はAたちが答えたことである。中から不適当と思われるものを一つ選びなさい。

1) A ＝ 来客応対のときは，いつも笑顔を忘れないこと。
2) B ＝ 話し方は，来客の丁寧さに合わせるようにすること。
3) C ＝ どのような場合も，物の受け渡しは両手で行うこと。
4) D ＝ 何かを尋ねられたときには，てきぱきと答えること。
5) E ＝ 来客に待ってもらうときには，椅子をすすめること。

POINT!
感じのよい来客応対の仕方

28 次は秘書Aが，6階の受付から5階にある応接室にお客さまを案内したときの一連の行動である。中から不適当と思われるものを一つ選びなさい。

1)「エレベーターもございますが，一つ下でございますので階段でよろしいでしょうか」と尋ねた。
2) 階段では，お客さまに先に下りてもらい，Aはお客さまの後に続いた。
3) 5階に着いてからは，Aはお客さまの少し前に立ち，「こちらでございます」と言って案内した。
4) 応接室は内開きのドアなので，ノックしてドアを開け，Aが先に中に入ってドアを手で押さえ，お客さまに入ってもらった。
5) お客さまは手前の席に座ろうとしたので，「どうぞあちらに」と，奥のソファーを勧めた。

POINT!
階下の応接室への案内の仕方

27 解 答　2)

「解説」
どんな客であっても客は客である。秘書としてはどんな客にも丁寧な話し方で応対しないといけない。丁寧な来客に合わせるのはよいとしても，そうでない来客に合わせるようなことは不適当ということである。

28 解 答　2)

「解説」
階段を使ってお客さまを案内するときは，お客さまに高い位置にいていただくのが基本である。従ってこの場合は，Aが先に降り（低い位置になる），お客さまにAの後に続いてもらうのがよいということになる。

LECTURE

■案内
● エレベーターに乗るときは，秘書が先に乗ってボタンを押して待ち，降りるときは客を先に降ろす。

1) 廊下の案内
客の右斜め前を先に立って歩きます。曲がり角では「こちらです」と方向を示します。

2) エレベーターでの案内
乗る前に「何階でございます」と降りる階を知らせます。秘書が先に乗ってボタンを押して待ち，降りるときは客を先に降ろします。

3) 応接室への招き入れ方
応接室の前に着いたら「こちらでございます」と言って，ノックをしてからドアを開けます。ドアが外開きのときは，ドアを引いて客を先に通します。内開きのときは秘書が先に入ってドアを押さえ，客を招き入れます。

29 秘書Aの上司のところに取引先の部長と課長が来訪し，Aは二人を応接室に案内した。下図は応接室のレイアウトだが，Aは二人にどの席を勧めるのがよいか。次の中から適当と思われるものを一つ選びなさい。

1) 部長 ①　課長 ④
2) 部長 ③　課長 ④
3) 部長 ①　課長 ②
4) 部長 ④　課長 ⑤
5) 部長 ①　課長 ③

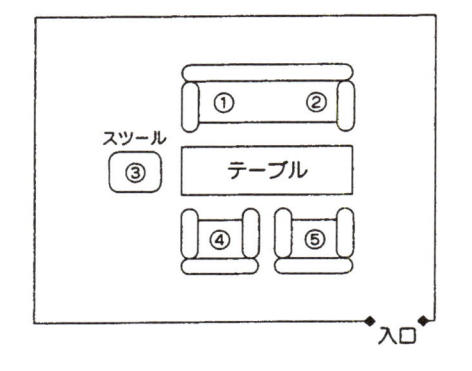

POINT!
来訪した取引先2名を応接室のどの席に勧めるか

30 秘書Aは，上司と取引先のW氏と一緒にタクシーに乗ることになった。この場合，上司とW氏にそれぞれどの位置に座ってもらい，Aはどこに座るのがよいか。次の中から適当と思われるものを一つ選びなさい。

1) 上司 ②　　W氏 ④　　A ③
2) 上司 ①　　W氏 ④　　A ②
3) 上司 ②　　W氏 ①　　A ③
4) 上司 ②　　W氏 ④　　A ①
5) 上司 ④　　W氏 ②　　A ①

POINT!
上司と取引先と一緒のときのタクシーの座り方

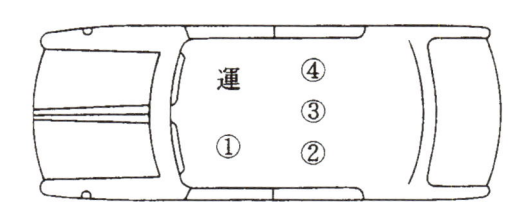

29 解答 3)

「解説」
来客には上座を勧める。この場合の上座は長椅子で、順は①②になる。従って取引先の部長には①，課長には②ということになる。

30 解答 4)

「解説」
タクシーなどの場合，最も安全とされる席は④の運転手の後ろで最上席となる。以下席順は，②→③→①となる。従って取引先のW氏は④，上司には②に座ってもらい，Aは二人の会話の邪魔にならないように①に座るのがよいことになる。

31 秘書Aが不意の来客の応対をしているとき，面談を終えて帰るM氏とM氏を見送る上司とがAの前を通りかかった。M氏が帰るときは，Aはいつも上司と一緒に玄関の所まで見送っている。このような場合，Aはどのようにすればよいか。中から適当と思われるものを一つ選びなさい。

1) すぐ上司のところに行き，応対中だがK氏の見送りはどうしたらよいかと尋ねる。
2) いつも見送っているのだから，応対中の来客に断りM氏を玄関の所まで見送りに行く。
3) 不意の来客であっても応対している最中なのだから，その場でM氏に会釈をし応対を続ける。
4) すぐM氏のところに行き，応対中なので見送ることはできないとわび，不意の客の応対に戻る。
5) 不意の来客であっても客に変わりはないのだから，二人に気が付かないふりをして応対を続ける。

POINT! 来客の見送りの仕方

32 秘書Aは上司から，「取引先のK部長に会ってこの書類を手渡してもらいたい」と封筒を渡された。次はAが，取引先を訪ねたときの一連の行動である。中から不適当と思われるものを一つ選びなさい。

1) 応接室に案内され，座ってしばらく待つようにと言われたとき，どの席に座ればよいかを尋ねてそこに座った。
2) お茶を出されて勧められたとき，座ったままで「ありがとうございます」と言ってお辞儀をした。
3) 応接室に入ろうとする人の気配を感じたとき，すぐに立ち上がって，書類を渡せるようにして待った。
4) K部長が部屋に入ってきたとき，上司がいつも世話になっているとあいさつし，手渡すように言われたと話して手渡した。
5) 帰りに受付の前を通ったとき，ありがとうございましたと言われたので，失礼しますと言って会釈して帰った。

POINT! 取引先を訪ねたときの行動の仕方

マナー・接遇

31 解答 3)

「解説」
いつもM氏の見送りをしていたとしても，Aは不意の客の応対をしているのだから会釈をする程度でよい。どのような来客でも，応対途中にその客をおいて他の用を足すということは，原則としてはないことである。

32 解答 1)

「解説」
応接室に案内されたとき，座る席を勧められたら失礼いたしますなどと言ってその席に座ればよいが，座る席を特に勧められないときどうするか。その場合は入り口に近い席に座るのがよいことになる。どの席に座ればなどと，相手に尋ねるのは不適当ということである。

これで合格！

LECTURE

■見送り
● 「失礼いたします」または「ごめんくださいませ」と言い，会釈して送る。

立ち上がって「失礼いたします」または「ごめんくださいませ」と言って軽く会釈します。エレベーターまで見送るときはドアが閉まるまで，車まで見送るときは走り去るまで見送ります。

■紹介
●紹介の順序は,目下の人→目上の人，社内の人→社外の人が原則。

客を上司に引き合わせるときは，まず客に上司を「こちらが部長の○○です」と紹介し，次に客を上司に「こちらは○○社専務の○○様でございます」と紹介します。社内の者を客に，目下の者を目上に紹介するのが順序です。

EXERCISE 茶菓の接待

33 秘書Aの上司のところに，Aも顔見知りで上司と親しいW氏が来訪した。次はそのときのAのお茶の出し方と気配りである。中から不適当と思われるものを一つ選びなさい。

1) 気温の高い日だったので，飲み物は温かいものと冷たいもののどちらにするかを尋ねて，準備した。
2) 応接室に入るとW氏が資料を広げて説明中で，すぐに区切りが付きそうだったのでお茶を出すのをちょっと待った。
3) お茶を出そうとしたとき，資料が広がっていて置く場所がなかったので，「資料を脇に寄せていただけますでしょうか」と言って，空いたところに置いた。
4) W氏の脇に，脱ぎ捨てたようにジャケットが置かれてあったので，「洋服掛けにおかけいたしましょうか」と尋ねた。
5) 来社から1時間近くたったがまだ上司との話が続きそうだったので，替わりのお茶を持って出しに行った。

POINT! 親しい来客へのお茶の出し方と気配り

34 秘書Aの上司宛てに予約客が来訪した。客を応接室に案内し，上司に伝えようとしたところ上司は電話中である。長引きそうな電話なので，Aはお茶出しについてどのようにしようかと，次のように考えた。中から適当と思われるものを一つ選びなさい。

1) 面談は上司が応接室に入ってからするのだから，面談が始まるときに二人一緒に出す。
2) 客にはすぐに出し，上司には，電話が終わって応接室に入り面談が始まるときに出す。
3) 客にはすぐに出すが，そのとき，いずれ上司も来るのだから上司の分も一緒に出しておく。
4) 客に，上司が電話中なので少し待ってもらいたいと頼み，お茶をいつ出そうかと尋ねて希望する機会に出す。
5) 客と上司の分を一緒に持って行き，客には出し，上司の分はサイドテーブルの上に置いておき上司が来たら出す。

POINT! 客を待たせるときのお茶の出し方

SECRETARY 04　マナー・接遇

LECTURE　　　茶菓の接待

33　解答　3)

「解説」
資料がテーブルに広がっているのは，その資料は使っているということ。お茶を置く場所がないのなら，「お茶をお持ちいたしましたが…」などのように言って場所を作ってもらうなどすればよいこと。使っている資料なのに「脇に寄せてもらいたい」のような直接的な言い方をするのは不適当ということである。

これで合格!

LECTURE
■茶菓の出し方
●茶菓は，客→社内の人（地位の順）の順に出す。

茶菓はお盆に載せて運びます。茶わんは茶たくを添えて，盆に載せて運ぶ，「どうぞ」と声をかけながら配る，出し方は客，社内の者（地位の高い順）。お茶とお菓子を出す場合は，お菓子を先に出す，来客から見て左側にお菓子，右側にお茶を置く，などします。茶わんに模様がある場合は，その模様が来客の正面に向くよう，茶たくが木製なら木目が横になるようにするなど，細かいことにも注意を払います。

34　解答　2)

「解説」
来客に出すお茶は，歓迎の気持ちを表す意味もあり，すぐに出すのが原則になる。またお茶は前もって置いておくものではない。従ってこの場合は客にはすぐに出す，上司には応接室に入ったときに出すというのが適当ということになる。

35 秘書Aが，今日中という急ぎの仕事をしていたところ来客と面談中の上司から，冷たいお茶を出してもらいたいと指示された。先ほど温かいお茶を出したばかりである。このような場合，Aは上司にどのように対応するのがよいか。次の中から適当と思われるものを一つ選びなさい。

1) 急ぎの仕事が一区切りするまで待ってもらえないかと言う。
2) 承知したと言い，急ぎの仕事を中断し冷茶を出す準備をする。
3) 今急ぎの仕事をしていると伝え，どちらを優先させればよいか尋ねる。
4) 今，急ぎの仕事をしているので，他の秘書に頼んでもらえないかと言う。
5) 初めから冷茶を出した方がよかったのかと確認してから，冷茶を出す準備をする。

POINT! 急ぎの仕事中に面談中の上司からお茶出しを指示された

EXERCISE 慶弔のマナー

36 次は弔事に関する用語とその説明の組み合わせである。中から不適当と思われるものを一つ選びなさい。

1) 会葬（かいそう） ＝ 葬儀に参列すること。
2) 遺族（いぞく） ＝ 亡くなった人の家族のこと。
3) 弔電（ちょうでん） ＝ 死を悲しみいたむ気持ちを伝える電報のこと。
4) 喪中（もちゅう） ＝ 葬儀が始まってから終わるまでの時間のこと。
5) 供花（きょうか） ＝ 仏前に花を供えること。またはその花のこと。

POINT! 弔事に関する用語と説明の組み合わせ

SECRETARY 04　マナー・接遇

35　解答　2)

「解説」
上司から指示があったらすぐにそれに応じないと，秘書が存在する意味がなくなる。この場合は来客に出す飲み物だから，すぐに出さないと出す意味も薄れる。時間がかかることでもないのだからすぐに準備し，仕事はその後どのようにか調整するのが，秘書の仕事の仕方ということである。

LECTURE　慶弔のマナー

36　解答　4)

「解説」
喪中とは，亡くなった人の身内が喪に服している一定の期間のこと。葬儀が始まってから終わるまでの時間のことではないので不適当ということである。

これで合格！

LECTURE

■交際の業務
結婚式など慶事
- 出欠の返事，祝電，祝い金，祝い品などを準備する。
- スタッフとして受付などを手伝う。

当日の受付などを担当する場合は，一般の招待客とは性格が異なるため，服装は準礼服にします。会社に戻って仕事をすることもあるので，振り袖などの着物はふさわしくありません。

葬式など弔事
- 事実，葬儀日程・場所などの情報を入手し，確認する。

「逝去の日時」「通夜の場所と時刻」「告別式の形式（宗教），場所」「喪主の氏名と住所，電話」など。

- 上司との打ち合わせと手配。

「弔電を打つか」「上司が出席か，代理が出席か」「香典の金額」「供物，供花の手配」「葬儀の手伝いの必要性」など。

■慶弔の種類
慶事（祝い事）
会社関係の慶事には，創立記念行事・新社屋落成式・就任披露・新店舗開業披露・新事業発表・叙勲祝賀式などがあります。

↓ 101ページへ続く

37 次は弔事に関する作法や服装などについて，一般的なことを述べたものである。中から不適当と思われるものを一つ選びなさい。

1) 香典の上書きは，どの宗教にも通用するのは「御霊前」である。
2) 告別式に洋服で参列するときのアクセサリーは，一連の真珠のネックレスなら着けてよい。
3) 告別式場では知っている人に出会っても，あいさつは黙礼程度にしておくのがよい。
4) 焼香は，故人の冥福を祈るためにするものなので，回数はなるべく多い方がよい。
5) 告別式終了後，都合が悪ければ出棺は見送らなくてもよい。

POINT! 弔事に関する作法や服装

38 次の「　　」内の説明は，下のどの用語の説明か。中から適当と思われるものを一つ選びなさい。

「人が亡くなったという知らせ」

1) 弔電
2) 弔事
3) 訃報
4) 喪中
5) 悲報

POINT! 用語とその説明

SECRETARY 04　マナー・接遇

㉗　解 答　4)

「解説」
回数は宗派により違いがある。3回もあれば1回でよいというものもあるから、決められないということになる。葬式により焼香待ちで列ができることもあり、このような場合は、1回で済ませる心遣いもある。なるべく多くがよいということはないということである。

㉘　解 答　3)

↓ 99ページの続き

一般の慶事としては、結婚・出産・入学・卒業・成人式・結婚記念日・賀寿などがあります。

●弔事（不幸）
死去（通夜、葬儀、告別式、社葬）と供養（法要）などがあります。

1) 通夜
遺族、親族、親しい知人によって、臨終の翌日あるいは翌々日に行われます。故人と親しい場合は、早めにお悔やみに行きます。

2) 葬儀と告別式
本来葬儀は、遺族、親族、故人と親しかった人が亡くなった人の冥福を祈る儀式をいい、告別式は故人とゆかりのある人が最後のお別れをする儀式をいいます。遺族に対するあいさつは「このたびはご愁傷さまです」「お悔やみ申し上げます」など、言葉少なく悲しみの心を伝えます。霊前に供物、供花を供えるときは、前日までに届けるのが望ましいでしょう。告別式などで知人に会うこともあるでしょうが、大声で話したりせず会釈程度にとどめます。

3) 線香の上げ方（仏式の場合）
線香を上げるときは、線香1本にロウソクの火を移し、手であおいで消します。息を吹きかけて消すのはよくありません。

4) 香典の上書き
・仏式の葬儀・法要（御霊前・御仏前・御香典・御供物料）
・神式の葬儀・霊祭（御神前・御玉串料・御榊料・御霊前）
・キリスト教式の葬儀・追悼会（御花料・御花輪料・御霊前）
・カトリックの場合の葬儀（御ミサ料）
・香典返し（志・忌明）
・神式・キリスト教の法要（御花料）

5) 服装
男性は遺族など近親者の場合はモーニング、一般会葬者は略礼服・ダークスーツ。いずれも白ワイシャツ、黒ネクタイ。女性は喪服か黒ワンピース・スーツ。靴、ハンドバッグなどは黒。アクセサリーはパール以外は着けません。

EXERCISE 贈答のマナー

39 秘書Aは上司から,「取引先のY氏が独立して事務所を開いたと聞いたので,何か祝いの品を送ってもらいたい」と言われた。そこでAは,次のことを上司に確認した。中から不適当と思われるものを一つ選びなさい。

1) 予算は幾らぐらいか。
2) 祝い状はどうするか。
3) 特に贈りたい品はあるか。
4) 上書きは「御祝」でよいか。
5) いつまでに手配すればよいか。

POINT!
事務所開設の祝いを送る

40 秘書Aは上司から,けがで入院したY氏に,聴きたいと言っていたこのCDを届けてもらいたいと指示された。Y氏は取引先の人だが,上司の学生時代からの友人でもある。Aはこのようなことをするのは初めてだったので,注意することや気遣いすることなどを先輩に尋ねたところ,次のように教えられた。中から不適当と思われるものを一つ選びなさい。

1) 病院に行く日時などを,Y氏の会社に前もって連絡すること。
2) 病室に入ったら,同室の人たちへのあいさつは会釈程度でよい。
3) 届けるとき,CDだけでなくちょっとした花束などを添えるとよい。
4) 病院に行くときに,Y氏に伝えることはないか上司に確認すること。
5) 家族の方がいたら,Y氏にはいつも世話になっていると礼を言うこと。

POINT!
入院の見舞いで注意や気遣いすること

マナー・接遇

LECTURE　　　　贈答のマナー

39　解答　5)

「解説」
独立して事務所を開いた人への祝いなのだから，指示されたらすぐに送らないといけない。このようなことは，タイミングが大切。いつまでに手配するかなどと尋ねるようなことではないということである。

40　解答　1)

「解説」
AがY氏の入院先にCDを届けるというのは，上司と仕事上でも関係しているとはいえ一応は私的なこと。また，病床はプライベートな領域。事前に連絡する必要があるなら家族にということになる。Y氏の会社には関係がないので，見舞いに行く日時などを前もって連絡するのは不適当ということである。

これで合格!

LECTURE

■贈答の基本心得
●贈答品を選ぶ際の注意点
・病気見舞い（現金でもよいが，病気の種類や容態を考え合わせて工夫する。鉢植えの花などは避ける。病院へ行くときは，事前に面会時間の確認を忘れないこと。お返しには，礼状を添える）
・祝い事（結婚式・記念式典・落成式などの通知を受けたら，なるべく早い時期に贈る。結婚祝いを持参するときは吉日がよい）
・お中元・お歳暮（デパートのカタログから選んで業者に一任するときでも，あいさつ状くらいは添える）
●祝儀，不祝儀の際の「のし」の使い方に注意。上書きや記名の仕方も慎重に。

EXERCISE　記述問題／マナー・接遇

1 秘書Aの上司（中村部長）のところに取引先のY氏が不意に訪れた。上司は外出中だがあと10分ほどで戻る予定である。次はAがY氏に言おうとしたことである。これを意味を変えずに，丁寧な言葉に直して答えなさい。

「すまない，中村部長は外出している。10分ほどで戻るので，応接室で待ってもらえないか」

2 秘書田中Aが電話に出るとき，次のような場合，どのように言って出るのがよいか。その言葉を答えなさい。

1）　話の途中で相手に待ってもらったあと，電話に出るとき
2）　別の人との話が終わり，次にその電話にAが出るとき

3 次の「　　」内は秘書Aが来客に言おうとしたことである。下線部分を感じのよい適切な言い方にするには，どのような言い方があるか。三つ答えなさい。

「<u>すみませんが</u>　こちらにお名前とご連絡先をご記入いただけませんでしょうか」

4 秘書Aの上司（部長）のところに，商談のためT社の部長と課長が訪ねてきた。こちらから出席するのは，上司，K課長，W係長である。このような場合，W係長が④の席に座るとしたら，その他の人はどの席に座ってもらうのがよいか。それぞれ適当と思われる席の番号を一つずつ選びなさい。

T社の部長　　　　　（　　　）
T社の課長　　　　　（　　　）
上司　　　　　　　　（　　　）
K課長（上司の部下）（　　　）

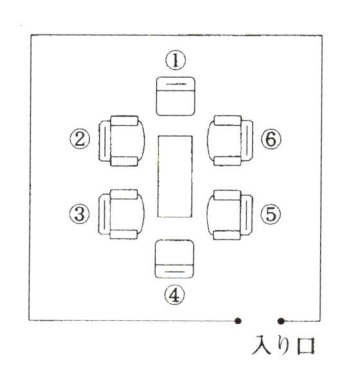

```
         ┌─────────────┐
         │      ①      │
         │   ┌──┐     │
         │②│  │⑥   │
         │   │  │      │
         │③│  │⑤   │
         │   └──┘     │
         │      ④      │
         └─────────────┘
                    入り口
```

SECRETARY 04 マナー・接遇

LECTURE　記述問題／マナー・接遇

1 解答例

申し訳ございません，中村（部長の中村）は外出いたしております。10分ほどで戻りますので，応接室でお待ちください（いただけ）ませんでしょうか。

2 解答例

1）（大変）お待たせいたしました。
2）お電話代わりました（田中でございます）。

3 解答例

1. 恐れ入りますが
2. 恐縮でございますが
3. お手数をおかけいたしますが
4. 申し訳ございませんが

4 解答

T社の部長	(②)	
T社の課長	(③)	
上司	(⑥)	
K課長（上司の部下）	(⑤)	

105

5 Y商事秘書課勤務の中村Aが，次の電話に出る場合，まずどのように言うのがよいか。それぞれについて適切な言葉を答えなさい。

1) 秘書課に戻ると，直通電話が鳴っていたとき

2) 始業時刻直後に，Aの机上の内線電話が鳴ったとき

6 秘書が上司のことを言うときには，相手によって言い方を変えないといけない。では，上司が高橋部長の場合，次のそれぞれのときはどのように言うのがよいか。例にならって（　）内に答えなさい。

例：上司の部下に言うときは（　部長　）

1) 取引先に言うときは（　　　　　　　）

2) 上司の家族に言うときは（　　　　　　　）

3) 他部署の部長に言うときは（　　　　　　　）

7 次は秘書Aが上司（部長）に言った言葉遣いだが，下線部分が不適切である。それぞれを，意味を変えずに適切な言葉遣いに直して書きなさい。

1) 「こちらの書類を<u>拝見されて</u>いただけませんでしょうか」

2) 「K部長がお時間を<u>もらいたい</u>，とご都合をお尋ねでした」

3) 「先ほど部長が<u>申された</u>件につきまして，調べてまいりました」

8 ABC商事秘書課勤務の岡田敦子が，次の電話に出る場合，まずどのように言うのがよいか。下線部分に適切な言葉を答えなさい。

1) 秘書課直通の外線電話には
「はい，＿＿＿＿＿＿＿でございます」

2) 秘書課長の机上の内線電話には
「はい，＿＿＿＿＿＿＿でございます」

3) 岡田敦子の机上の内線電話には
「はい，＿＿＿＿＿＿＿でございます」

SECRETARY 04　マナー・接遇

5　解答例

1) （大変）お待たせいたしました。Y商事秘書課でございます。
2) おはようございます。（秘書課）中村でございます。

6　解答例

1) （部長の）高橋
2) 部長さん　または　部長
3) 高橋部長

7　解答例

1) ご覧（になって）
2) 頂き
3) おっしゃった・おっしゃいました

8　解答例

1) ABC商事秘書課
2) （秘書課）秘書課長の席
3) （秘書課）岡田

minimini KEY WORD

ちょっと押さえておきたい用語
「マナー・接遇」

■お辞儀
お辞儀には会釈(約15度),敬礼(約30度),最敬礼(約45～60度)の三つがあります。それぞれの意味を理解し,状況に応じて適切なお辞儀を行うことがよい人間関係をつくります。

■相づち
相手に快く話してもらい,話の真意をつかむためには,真面目に聞いている態度を示す必要があります。それには,タイミングよく相づちを打つことが効果的な方法といえます。

■ふさわしい服装
服装のポイントは,①身軽に行動できる機能性,②センスのよさを感じさせる,③品格を感じさせるもの,④落ち着いた雰囲気を感じさせるものなどです。

■名刺の受け取り方
名刺を出されたら,丁寧に両手で受け取り,会社名と名前を確認してから取り次ぎます。名前などの読み方が分からないときは,その場で尋ねるようにします。

■接遇
相手に満足を提供する行動です。単なる接待・応接にとどまらず,好ましい人間関係を築くために,相手に最良のサービスを提供して,最大の満足を得てもらうことです。

■お客さまが帰るとき
立ち上がって「失礼いたします・ごめんくださいませ」,エレベーターまで見送るときはドアが閉まるまで,車まで見送るときは走り去るまで,が原則です。

■伝言
上司の不在時に,上司宛てにかかってきた電話や来客の用件などを伝える際には,5W3H(いつ,どこで,誰が,何を,なぜ,どのようにして,どのくらい,幾ら)の要領で用件の内容を正確に把握し,簡潔に伝えることが大切です。

■命令・指示を効果的に受ける初歩的な準備
指示を効果的に気持ちよく受けるためには,①明るく返事をすること,②メモ用紙と筆記具を用意すること,③呼ばれた場所に素早く行くことなどが大切です。

■注意を自分の成長の糧とする
注意を素直に受け入れることによってこそ,人間的に成長できるのであり,ひいては,それが仕事を的確に処理する能力を伸ばすことにつながっていくのです。

■同じミスを繰り返さない
口先だけで謝って,その後もまた,同じミスを繰り返すようでは何にもなりません。注意に対して,心から反省し,受け入れようとする姿勢が大切です。

■断るときは納得できる根拠を明らかにする
「私の担当ではないので」「今忙しいので」などという安直な断り方では,相手の感情を逆なでしてしまったり,不信感を抱かせたりすることになります。

■告別式
神式と仏式の葬儀後に行う儀式では,故人との最後の別れです。一般の人の参列は告別式からですが,通夜に出席した場合は,参列しなくとも失礼には当たらないとされています。

■喪主
葬儀を行うときの主催者で,普通,故人の妻や長男など,遺族の中でも最も近い親族がなります。喪主は,弔電を打つ場合などの名宛て人となります。

SECRETARY

05 技能

実技編

各問いの『解答』は，印刷の濃さを薄くし，目に入ることで考える妨げにならないよう配慮してあります。

EXERCISE 会議

1 秘書Aの上司は部長である。上司が出席する定例部長会の議長は部長が交替で担当することになっており，今回は上司の番である。次は当日，Aが行ったことである。中から不適当と思われるものを一つ選びなさい。

1) 追加資料だと上司から1枚の紙を渡されたので，すぐに必要部数コピーし，原本は上司に返した。
2) Y部長が会議資料を自分の机の上に忘れてきたと言ったので，予備の資料を渡した。
3) 今日は途中退出すると言ったF部長に，上司に伝えるので詳しい理由を教えてもらいたいと言った。
4) 会議は終了予定時間を過ぎても終わらなかったが，時間が過ぎていることは特に上司に伝えなかった。
5) 会議の終了後上司に次回のことを確認し，次の当番議長の秘書Bに日程などを連絡した。

POINT! 上司が議長を担当する会議で補佐すること

2 秘書Aは上司から「来月，営業所長会議をTホテルで行いたいので，会場の手配を頼む」と指示された。そこでAは上司に，日時や予算の他に次のことを確認した。中から不適当と思われるものを一つ選びなさい。

1) 会議名は，「株式会社○○　営業所長会議」でよいか。
2) 宿泊を伴う人を確認して，会場と一緒に予約するがよいか。
3) マイクやプロジェクターなどの他に，必要な機器はあるか。
4) 何平方メートルくらいの大きさの部屋を予約するのがよいか。
5) 昼食は弁当を手配するか，それともホテル内のレストランを予約しようか。

POINT! 会議会場の手配で確認すること

3 秘書Aは上司から，上司主催の社内会議の通知をするように指示された。次はAが，議題の他に書いたことである。中から不適当と思われるものを一つ選びなさい。

1) 開催日時
2) 会議室名
3) 配布資料
4) 使用する機器
5) 担当者名と連絡先

POINT! 社内会議の通知状に書いたこと

LECTURE

会議

1　解答　3)

「解説」
部長が部長会議を途中で退出するというのは，よほどの理由があってのことであろう。途中退出のことを会議開始前に議長（この場合は上司）が知っておくことは必要だろうが，理由は，必要なら議長が知っていればよいこと。議長に伝えるからと，Aが詳しい理由を尋ねるのは不適当ということである。

2　解答　4)

「解説」
社外で行う会議の会場手配を指示されたのである。会議をする部屋の大きさは，参加者の人数や使う機器などによって決まるもの。何平方メートルくらいがよいかと聞かれても上司も答えられないだろうし，尋ねても意味がないので不適当ということである。

3　解答　4)

「解説」
社内会議の通知だから，会議はいつ行われ，報告は何か議題は何かなどを書くことになる。「使用する機器」は，必要に応じて主催する方で準備すればよいもの。会議の通知で知らせるようなことではないということである。

これで合格!

LECTURE

■会議と秘書の仕事
●会議の準備と計画
1）会場の準備
人数に応じた広さ，必要な時間，照明，冷暖房，換気の具合など。社外のときは交通機関の便も考慮します。

2）会議の開催案内
開催案内状には次のような項目を入れます。「会議の名称」「開催日時」「開催場所（必要ならば地図，電話番号を添付）」「議題（開催の趣旨）」「出欠（連絡方法と締切日）」「主催者（事務局）と連絡先，担当者名」。

3）会議資料
できる限り事前に配布します。社外での会議では，卓上用あるいは胸用の名札を作ることもあります。

●会議場の設営
1）円卓式
20人くらいまで。自由な雰囲気で話し合えます。角机でも構いません。

2）ロの字形
人数が多いときは，中に空きを作ってロの字形にします。

3）コの字形・Vの字形
研修などで用いられます。開口部にリーダー席（発表者席）があります。

4）教室式
参加者が多人数のときは，教室のような机の配置にします。

●会議中の秘書の仕事
1）出欠調べ
2）会場の管理
3）接待（茶菓，弁当など）
4）記録を取る
5）電話の取り次ぎ
6）後片付け

EXERCISE 文書の作成

4 次は，社内通信文書について述べたものである。中から<u>不適当</u>と思われるものを一つ選びなさい。

1) 頭語や時候のあいさつは書かないのがよい。
2) 横書きで，なるべく箇条書きにするのがよい
3) 受信者名，発信者名とも職名とするのがよい。
4) 発信日付には，年月日と曜日を書くのがよい。
5) 一文書に書く用件の数は，一つにするのがよい。

POINT! 社内通信文書の書き方

5 次は文書に関する用語について述べたものである。中から<u>不適当</u>と思われるものを一つ選びなさい。

1) 「標題」とは，文書の内容を簡潔に知らせる題名のこと。
2) 「追伸」とは，書き終わった後に，さらに書き加えることがあると知らせる用語のこと。
3) 「結語」とは，この後には何もないことを示すために文書の最後の部分に書く用語のこと。
4) 「記」とは，ここから下は，主文中の「下記の通り」の「記」であると知らせる用語のこと。
5) 「同封」とは，封筒の中に，この文書の他に別の文書などが入っていると知らせる用語のこと。

POINT! 文書に関する用語の意味

6 秘書Aは上司（総務部長）から，社内の業務改善委員会の開催通知状の作成を指示された。上司は委員会の委員長でもある。この場合の開催通知状の発信者名はどのように書けばよいか。次の中から適当と思われるものを一つ選びなさい。

1) 総務部長
2) 業務改善委員会委員長
3) 総務部長兼業務改善委員長
4) 総務部内業務改善委員会委員長
5) 業務改善委員会委員長兼総務部長

POINT! 社内委員会の開催通知状の発信者名

LECTURE 文書の作成

4 解答 4)

「解説」
発信日付には，曜日まで書く必要はない。しかし社内文書の場合，年月日はたとえば，「令和5年6月10日」を「令5・6・10」「R5.6.10」などと省略して書いてもよい。

5 解答 3)

「解説」
「結語」とは，文章の最後に書く結びの言葉のことで，例えば敬具，草々，などがある。従って説明が違うということである。

6 解答 2)

「解説」
上司は総務部長だが，業務改善委員長でもある。この場合は業務改善委員会の開催通知なのだから，発信者は委員会の責任者ということになる。従って発信者名は，「業務改善委員会委員長」とするのがよいということである。

これで合格!

LECTURE

■ビジネス文書の基本

1) 文章
文体には「だ・である」体と「です・ます」体があります。社外文書では「です・ます」体を使います。特に社外文書では，敬語は正しく使うようにします。

2) 現代仮名遣い・常用漢字を基本とする
仮名遣いの基本は現代仮名遣いです。漢字の基本は常用漢字です。

3) 横書きにする
特別な場合を除き，ビジネス文書は横書きが原則です。

4) 社外文書は頭語，結語，慣用句を忘れない
社外文書は礼儀が大切です。謹啓・拝啓などの頭語，敬具などの結語は欠かせません。また，先方の繁栄を祝う「貴社いよいよご発展のこととお喜び申し上げます」「時下ますますご清祥のこととお喜び申し上げます」などの慣用句を用います。

■社内文書の形式

①文書番号（右上に書きます。一般的には年度，発信部課名，連続番号の順です）

②日付（文書番号のすぐ下に書きます。多くは元号を使いますが，西暦もあります）

③受信者名「経理部長殿」など役職名だけを記し，氏名は書きません。ただし，個人に宛てる文書は氏名を書きます）

④発信者名（役職名を記し，氏名は書きません）

⑤標題（発信者の下1行空けた中央部に，本文の内容を分かりやすく表した標題を書きます。短い文書では付けません）件名ともいいます。

⑥本文（結論を先に書き，理由や説明は後にします。標題を書くときは繰り返さずに，「標記の件について……」と書きます）

↓ 115ページへ続く

7 秘書Aは上司から下のようなはがきを渡され,「個人的な会合だが,その日は出張と重なっているため出席できない。欠席で出しておいてもらいたい」と言われた。そこでAは次のように書いた。中から不適当と思われるものを一つ選びなさい。

1)「ご出席」は3文字とも消した。
2)「ご欠席」は「ご」を消し,下へ「いたします」と書いた。
3)「欠席」の横へ「残念ですが,当日出張のため」と書いた。
4)「ご住所」は「ご」を消し,上司の自宅の住所を書いた。
5)「ご芳名」は「ご」を消し,上司の名前をフルネームで書いた。

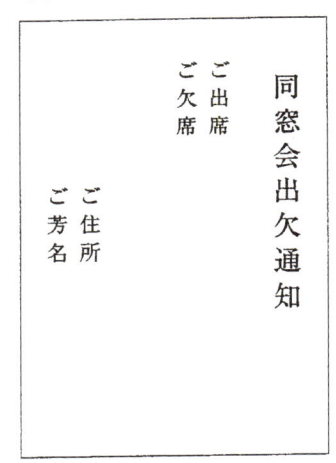

POINT!
出欠通知はがきの欠席の出し方

```
同窓会出欠通知
    ご出席
    ご欠席
    ご住所
    ご芳名
```

8 次は,自分側と相手側の言い方の組み合わせである。中から不適当と思われるものを一つ選びなさい。

（自分側）　（相手側）
1)　父　　　—— ご尊父さま
2)　妻　　　—— ご家内さま
3)　粗品　　—— 佳品
4)　弊社　　—— 御社
5)　私見　　—— ご高見

POINT!
自分側と相手側の言い方の組み合わせ

7 解答 5)

「解説」
「ご芳名」は，あなたのお名前という意味の「芳名」に，相手に敬意を表すときにつける「ご」をつけている。「芳名」ですでに敬意が表わされているが「ご」を付けるのが慣例になっている。言われた立場からは「ご」と「芳」の両方を消さないといけないということである。

8 解答 2)

「解説」
「妻」も「家内」も，自分の妻のことを言うので不適当。相手の妻のことは「奥さま」などになる。

↓ 113ページの続き

⑦記書き／別記（本文に書き込むと長くなり，分かりにくくなるときがあります。そのときは本文の最後に「下記の通り」として，その内容を「記」以下に箇条書きします）
⑧添付書類（資料や図表があれば，その名称と数を記します）
⑨以上（最後に必ず「以上」と書きます。結びの言葉にあたります）
⑩担当者名（発信者が担当者と異なるときは，本文の内容についての問い合わせに応じるために，記書きの右下に所属部署，担当者名，電話番号（内線）を記します）

■社内文書の種類
1) 稟議書
担当者の権限だけでは実行できない案件については，上長の決裁が必要となります。決裁を仰ぐ書類が稟議書で，起案書とも呼ばれています。

2) 報告書
事実や経過を報告する書類です。出張報告，調査報告，研修報告などがあります。定期的な報告書としては日報，週報，月報があります。

3) 通知文
社員旅行のお知らせなど。社としての決定事項を知らせるもので，社員はこれに従い行動します。

4) 案内文
厚生施設利用の案内など。社員の便宜を図るためのもので強制力はありません。

9 次は社内通信文書の書き方について述べたものである。中から不適当と思われるものを一つ選びなさい。

1) 頭語や時候のあいさつは書かない。
2) 担当者と内線の番号は最後に書く。
3) 受信者名，発信者名とも職名だけでよい。
4) 内容がすぐ分かるように簡単な標題を付ける。
5) 発信日は年月日の他に曜日も書く方が丁寧である。

POINT!
社内通信文書の書き方

10 次は「 」内の手紙文の下線部分を，意味を変えずに適切な用語に直したものである。中から不適当と思われるものを一つ選びなさい。

「これからは　注意いたします。今回のことは
　　1)　　　　　　　　　　　2)

どうか　許してくれるよう　お願いする」
　3)　　　　4)　　　　　　5)

1) くれぐれも
2) このたびのことは
3) 何とぞ
4) ご容赦くださいますよう
5) お願い申し上げます

POINT!
適切な手紙用語の使い方

11 次は秘書Aが，封筒に書いた宛名の敬称である。中から不適当と思われるものを一つ選びなさい。

1) 上司の恩師宛てだったので「先生」にした。
2) 取引先の担当者宛てだったので「様」にした。
3) 取引先の支店宛てだったので「御中」にした。
4) 取引先の総務部長宛てだったので「殿」にした。
5) 取引先の広報部宛てだったので「各位」にした。

POINT!
封書の宛名に使う敬称の種類

9 解答　5)

「解説」
同案件で時系列的に類似の文書が発信されることもある。その場合はその文書がいつのものかが分かることが必要。従って発信年月日は必要だが，その日が何曜日かは普通は関係のないこと。従って発信日に曜日も書いた方が丁寧というのは不適当ということである。

10 解答　1)

「解説」
「これからは」は，整った文の手紙では「今後は」などを用いる。「くれぐれも」は念を入れるため何度も繰り返すことを言う言葉だが，「これからは」とは意味が違う。この場合に使うのは不適当ということである。

11 解答　5)

「解説」
敬称の「各位」は，不特定多数の人に，皆さま方と呼びかけるときの言葉である。この場合の宛名は「取引先の広報部」という特定の部署なので不適当ということになる。なお，この場合の敬称は会社や団体宛てに使う「御中」が適当になる。

これで合格！

LECTURE
■社内文書を書くときの注意点
1) 効率，スピードを重んじる
社内文書とは通知，報告，届けなどです。社内で用いられるため，礼儀は最低限とし，それよりは迅速な内容伝達を目指します。
2) 丁寧な表現は控えめにする
社内文書では一般的に，丁寧な表現は控えるようにします。例えば「～いたします」は「～します」，「お願い申し上げます」は「お願いします」，「まずは，ご通知申し上げます」は「以上」などとします。
3) 文章は短く，主語・述語ははっきりさせる
効率のよい伝達を果たすためにも，だらだらとした長い文章は避けます。また主語・述語もはっきりとさせます。
4) 頭語・結語，あいさつは省略する
社内文書では頭語・結語は不要です。時候のあいさつもいりません。また文末も「以上」を付けるだけです。
5) 数字の表記
①算用数字は番号，金額，数量などに用います。
②漢数字は固有名詞（三重県），慣習語（一般）などで用います。

12 文書を書くとき,相手(人や会社など)に「貴」を付けて敬意表現をすることがある。次はその例である。中から,文書では使わない用語を一つ選びなさい。

1) 貴社
2) 貴様
3) 貴殿
4) 貴会
5) 貴店

POINT!
「貴」を付ける敬意表現

13 次は,手紙用語とその意味の組み合わせである。中から不適当と思われるものを一つ選びなさい。

1) 拝啓 = 謹んで申し上げます。
2) 拝復 = 改めてご返事します。
3) 敬具 = 謹んで申し上げました。
4) 草々 = 簡単に走り書きをしました。
5) 前略 = あいさつを省略させていただきます。

POINT!
手紙用語と意味の組み合わせ

14 次は,棒グラフと折れ線グラフについて述べたものである。中から不適当と思われるものを一つ選びなさい。

1) 目盛りの数字には,基点として「0」が必要である。
2) 棒グラフは,目的とするものの「多少」を比較するのに適している。
3) 折れ線グラフは,目的とするものの「推移」を比較するのに適している。
4) 棒グラフと折れ線グラフはその目的が違うので,一つのグラフで表すことはできない。
5) 一つのグラフに2本の折れ線を書くときは,一つは「実線」一つは「点線」などのようにして分かりやすくするとよい。

POINT!
グラフ作成で知っておくこと

12 解 答　2)

「解説」
「貴様」とは男性が，自分と同等以下の相手を見下して言うときや，特に親しい間柄の相手を呼ぶときに使う言葉なので，文書では使わない。

13 解 答　2)

「解説」
「拝復」は，「謹んでご返事します」の意味で，手紙を受け取ったときの返信に書く頭語である。

14 解 答　4)

「解説」
棒グラフと折れ線グラフを，一つのグラフで表すことはできる。その方が分かりやすいという場合は使うのがよい。

これで合格！

LECTURE

■上手なメモの取り方
- 上司の指示は要領よく，正確にメモする。
- 自分のためのメモは，略語や符号を決めておくと手際よくメモできる。

■メモの種類
- 自分のためのメモ
- 上司が秘書に指示するメモ
- 伝言メモや要約メモなど，上司のためのメモ

■グラフ作成に必要なもの
- タイトルと目盛り
- 脚注・引用資料
- 調査の時期と調査機関

■折れ線グラフ(線グラフ)の特徴
- 連続した動きを示し，線の高低で比較する。
- 物価統計，売上統計などに用いる。

■棒グラフの特徴
- 棒の長さによって大小を比較する。
- 支店別売上比較，部署別人員構成などに用いる。

EXERCISE 文書の取り扱い

15 次は秘書Aの，上司宛てに届いた郵便物の渡し方である。中から不適当と思われるものを一つ選びなさい。

1) 開封した郵便物と開封しない郵便物は,別々の束にして渡している。
2) DM（ダイレクトメール）は，上司の関心のありそうなものだけを渡している。
3) 書留郵便は，受信簿に記録したあと，封だけ切って中身は出さずに渡している。
4) 速達と表示のある郵便物は開封し，内容によってはそれだけを先に上司に渡している。
5) 一般の郵便物は内容をチェックし，急ぐものは他の郵便物の上に重ねて渡している。

POINT!
上司宛ての郵便物の渡し方

16 営業部長秘書Aのところに入社２年目の営業部員が来て，資料を貸してもらいたいという。その資料には「部外秘」の印が押してある。この場合の対処について，次の中から適当と思われるものを一つ選びなさい。

1) 部外秘とは，誰にも見せてはいけないという意味なので，「見せることはできない」と言う。
2) 部外秘とは,役職者以外には見せてはいけないという意味なので,「見せることはできない」と言う。
3) 部外秘とは，部長室の外に持ち出してはいけないという意味なので，「この場で見るならよい」と言って渡す。
4) 部外秘とは,部外の人には見せてはいけないという意味なので,「取り扱いに注意してもらいたい」と言って渡す。
5) 部外秘とは，部長の許可なく見せてはいけないという意味なので，「すぐに上司の許可を取るので待ってもらいたい」と言う。

POINT!
部外秘資料の貸し出しの仕方

技能

SECRETARY 05　技能

LECTURE　　　文書の取り扱い

15　解答　3)

「解説」
上司宛ての郵便物の渡し方である。書留郵便は、開封しないでそのまま上司に渡すのが基本。中身を出さなかったとしてもAが封を切ったというのは不適当ということである。

16　解答　4)

「解説」
「部外秘」とは、部外には秘密にするという意味。その印が押してある資料だから、部外の人には見せてはいけないが、部内の人ならよいということになる。ただ、秘扱い資料なのだから、取り扱いに注意してもらいたいと念を押しておくのがよいということである。

これで合格!

LECTURE

■受信文書の処理方法
1) 上司宛ての私信と業務用の文書、不明な文書をそれぞれ仕分けします。
2) 私信は開封しないで上司に渡します。
3) 業務用の文書でも親展、書留、「秘」扱い文書は開封せずに渡します。
4) それ以外の文書は開封し、重要度、緊急度を判断し、整理します。文書は封筒と一緒にクリップで留め、重要なもの、優先するものを上にして上司に渡します。
5) 不明な文書は開封せずに上司に渡します。

■社内文書の発信
1) 「秘」扱い文書の取り扱い
「秘」扱い文書は封筒に入れて封をしてから送ります。封筒に「秘」などの表示をしないようにします。

2) 重要文書の受け渡し
表題や内容を文書受渡簿に記入し、相手のところに文書を持参します。受け渡しをしたら、相手から受領印をもらいます。

17 次は秘書Aが，電子メールの受信や送信のときに行っていることである。中から不適当と思われるものを一つ選びなさい。

1) 送信するときは，用件が一目で分かるようにタイトルは必ず書いている。
2) 送信するときは，相手の忙しい時間帯をなるべく避けるようにしている。
3) 受信メールの相手に心当たりがないときは，添付文書は開けずに消去している。
4) 急ぎの用件でメールを送るときは，すぐに見てもらえるように電話で知らせている。
5) 返事がすぐにはできないメールが来たときは，メールを受けたことだけはすぐに知らせるようにしている。

POINT! 電子メールの送受信で行っていること

EXERCISE　郵便の知識

18 次は秘書Aが，郵便に関して先輩から教えられたことである。中から不適当と思われるものを一つ選びなさい。

1) 速達やゆうメールも，ポストに入れることができる。
2) 書き損じた郵便はがきは，郵便局で交換してもらえる。
3) 書留郵便物は簡易書留でもポストに入れることはできない。
4) 間違って届いた郵便物は，配達して来た人に持って行ってもらえる。
5) 現金だけでなく小切手や商品券も，現金書留でないと送ることができない。

POINT! 郵便に関して教えられたこと

19 次は現金書留について述べたものである。中から不適当と思われるものを一つ選びなさい。

1) 現金と一緒に通信文も送ることができる。
2) 速達や配達日指定などにすることはできない。
3) 現金を祝儀袋や不祝儀袋に入れて送ることができる。
4) 送るときは，郵便局の窓口に持って行かないといけない。
5) 相手に届かなかった場合，金額に限度はあるが賠償がある。

POINT! 現金書留の取り扱い

17 解答　2)

「解説」
電子メールは電話と違い，送信したときに相手の邪魔をすることはなく，送信しても相手がいつ読むかは分からない。従って自分の都合で送ればよく，相手の忙しい時間帯を避けても意味がないということである。

LECTURE　　郵便の知識

18 解答　5)

「解説」
現金書留はその名の通り，現金を送るときのものである。従って現金は現金書留でないと送ることができない。が，小切手や商品券は現金そのものではないので，一般書留で送る。現金書留でないと送ることができないというのは不適当ということである。

19 解答　2)

「解説」
現金書留を送るときは，郵送料にその分の料金を加えれば，速達にすることも配達日指定にすることもできる。

これで合格！ LECTURE

■秘書が心得ておくべき郵便物
● はがき
1）はがきの種類
はがきには通常はがき，往復はがきがあります。

2）はがきの通信面
はがきの通信文は裏面の他に，表面（印刷面）の下半分にも書けます。また密着させることができれば，6g内の重さでピタッと貼り付けられるもの，例えば収入印紙やシールなども送れますので，領収書としても利用できます。

● 封書
1）定形郵便物
長さ14cm～23.5cm，幅9cm～12cm，厚さ1cm以内，重量50g以内の郵便物です。これ以外は全て定形外郵便物となります。

2）宛名の書き方
縦長式と横長式があります。切手の位置に注意します。

● その他の郵便物
郵便小包，速達と書留，特殊取扱い，大量郵便物の発送方法，郵便振替なども利用できるようにしておきます。

EXERCISE ファイリングと資料管理

20 秘書Aは上司から，「株主名簿」を借りてくるようにと指示された。この場合Aは次のどの部署へ行けばよいか。中から適当と思われるものを一つ選びなさい。

1) 営業部
2) 総務部
3) 人事部
4) 企画部
5) 広報部

POINT!
「株主名簿」はどの部署で借りればよいか

21 次は事務機器・事務用品の名称とその意味の組み合わせである。中から不適当と思われるものを一つ選びなさい。

1) シュレッダー　　　＝　不要文書を細断する機器。
2) チェックライター　＝　書類などに通し番号を打つための機器。
3) フォルダー　　　　＝　厚紙を二つ折りにした見出しの付いた書類挟み。
4) デスクトレー　　　＝　机上に置き，書類を一時入れておくための浅い箱。
5) スタンプパッド　　＝　ゴム印を押すときゴム印にインクを付けるためのもの。スタンプ台。

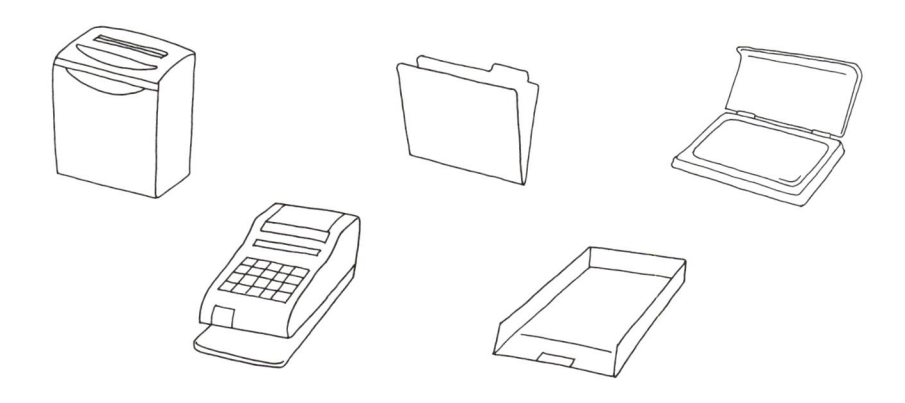

POINT!
事務機器・事務用品の名称と意味の組み合わせ

LECTURE　　ファイリングと資料管理

20　解 答　2)

「解説」
「株主名簿」とは会社に出資してくれている人（株主）の名簿のことである。株主の管理を行う部署は一般的には総務部なので，総務部に行くのがよいことになる。

21　解 答　2)

「解説」
「チェックライター」とは，手形・小切手・領収書などに金額を印字する機器のことである。

LECTURE

■ファイリング

●ファイリングとは，文書をいつでも取り出しやすいように整理，保管しておくこと。ファイリングのための用具やその方法を知っておく。

1）ファイリングのための用具
クリップ，ホチキス，穴あけ器，ファイル，トレー

2）キャビネット式による整理方法と用具
キャビネット式整理とは書類をフォルダーに入れ，キャビネットカードのように立てて並べ整理する方式。用具としては，キャビネット（正しくはバーチカルファイリング・キャビネット），フォルダー，ガイド，ラベルなど。

3）ファイルのまとめ方，並べ方
書類をばらばらに保存しているのでは，探しづらく時間がかかります。そこで何らかの基準を立てて書類を分類し，それによってファイルします。まとめる際の原則は「よく一緒に使う書類は，同じファイルにまとめる」ことです。一般的な基準としては次のものがあります。「相手先別整理」「主題別整理」「一件別整理」「標題別整理」「形式別整理」。中でよく使われるのは相手先別整理，主題別整理，一件別整理です。

22 次は，新聞，雑誌の発行に関する用語とその意味の組み合わせである。中から不適当と思われるものを一つ選びなさい。

1) 日刊　　＝　毎日発行されるもの
2) 旬刊　　＝　毎月3回発行されるもの
3) 隔月刊　＝　不定期に発行されるもの
4) 週刊　　＝　1週間ごとに発行されるもの
5) 季刊　　＝　季節ごとに年4回発行されるもの

POINT! 定期刊行物の発行形態

23 次は秘書Aが行っている，名刺の整理の仕方である。中から不適当と思われるものを一つ選びなさい。

1) 普通より小さい名刺でも，普通の名刺と一緒に整理している。
2) 上司の私的な関係の名刺は，仕事上のものと別に整理している。
3) 個人名より会社名で探すことが多いので，会社名の五十音順で整理している。
4) 肩書や所属部署などの変更を知ったら，すぐにその人の名刺を抜き出して訂正している。
5) 名刺整理箱などに入らなくなったら，もらった年月日の古い順に捨てるようにしている。

POINT! 名刺の整理の仕方

24 次の中から，ファイリングで使われる用品・用具ではないものを一つ選びなさい。

1) ゼムクリップ
2) キャビネット
3) マウスパッド
4) レターファイル
5) ハンギングフォルダー

POINT! ファイリングで使われる用品・用具

22 解答 3)

「解説」
「隔月刊」とは，2カ月に1回発行されるものである。

23 解答 5)

「解説」
名刺の保存は使うという目的があるからする。従って，捨ててよい名刺は，使わなくなった名刺だけになる。また，一つの名刺整理箱などで収納しきれなくなったら二つにすればよい。入らなくなったから古い順に捨てるという整理の仕方は，ないということである。

24 解答 3)

「解説」
ファイリング用品・用具とは，書類などを整理しとじて保存するときに使う物のことである。「マウスパッド」とは，パソコンのマウスがスムーズに動くように置く下敷きのことで，ファイリング用品ではないので不適当ということである。

これで合格!

LECTURE

■名刺の管理
●名刺の管理
1) 名刺の整理方法
①名刺整理簿（帳簿式の台紙。一覧性はありますが，差し替えが不便，大きさの違う名刺は収納しにくいなどの欠点もあります）
②名刺整理箱（細長い箱にカード式に名刺を整理するもの。名刺の数が多くなったら，名刺整理箱の方が便利です。分類ごとにガイドを立てて探しやすくします）
③電子機器（パソコンなどのデータベースを使っての整理も，最近は増えてきました）
2) 名刺整理箱での整理方法
名刺の分類は社名か個人名のどちらかです。それぞれを五十音順に分け，音の区切り（ア，イ，ウあるいはア行，カ行）にガイドを立てます。
3) 名刺の更新
1年に1回は整理し，古い名刺，不要な名刺を廃棄します。

■新聞，雑誌，カタログ類の切り抜き，保存

新聞は翌日，雑誌は次号がきたら，カタログ類は適宜切り抜きます。切り抜きには紙（誌）名，日付など必要な情報を書きます。切り抜いたものはスクラップブックに貼るか，キャビネットで整理します。

25 次は新人秘書Aが先輩から，カタログ類の整理について教えられたことである。中から不適当と思われるものを一つ選びなさい。

1) 総合カタログなどの分厚いものは，書棚に立てて保存しておくのが便利である。
2) 同じ製品のカタログなら，大きさに関係なく同じ場所に整理しておくのがよい。
3) 製品の比較ができるよう，古いカタログも新しいものと一緒に保存するのがよい。
4) カタログは抜き出しやすいように，バーチカル方式でファイルしておくのがよい。
5) 同じ製品のカタログなら，厚いものも薄いものも同じ場所に整理しておくのがよい。

POINT! カタログ類の整理の仕方

EXERCISE　日程管理・オフィス管理

26 次は秘書Aが，上司が在室中に上司室から退出するとき，気が付いて行ったことである。中から不適当と思われるものを一つ選びなさい。

1) マガジンラックの中の雑誌が，乱雑に入れられてあったので，きちんと整えて入れ直した。
2) 上司の湯飲み茶わんがほとんど空になっていたので，新しいお茶を持ってこようかと尋ね，茶わんを下げた。
3) 先ほど帰った客のたばこのにおいが残っていたので，上司に断って少しの間ドアを半開きにしておくことにした。
4) 床の上に紙の切れ端が落ちていたので拾い，何も書かれていないことを確かめて上司机のそばのごみ入れに捨てた。
5) 応接セットの椅子が，座ったままの状態でテーブルから離れていたので，テーブルに付けるように戻し置き方を整えた。

POINT! 在室中の上司室で気が付いて行ったこと

25 解 答　3)

「解説」
カタログを整理しておくのは，同じような製品でも会社によって性能や価格に違いがあるので，それを必要なときに比較するなどのためである。古いものと新しいものを比較するためではない。新しいものを入手したら古いものは捨ててよいということである。

LECTURE　日程管理・オフィス管理

26 解 答　4)

「解説」
床の上のごみに気付いて拾うのはよい。が，拾ったものをどこに捨てるか。ごみ入れであってもできるだけきれいにしておくのが秘書の気遣いである。ましてや上司は在室中。上司机のそばに捨てるのは不適当ということである。

27 次は物とその正しい数え方の組み合わせである。中から不適当と思われるものを一つ選びなさい。

1) 椅子　　　　　―― 脚
2) 手紙　　　　　―― 通
3) 書類　　　　　―― 編
4) パソコン　　　―― 台
5) エレベーター　―― 基

POINT!
物の正しい数え方

28 秘書Aは上司（部長）の予定を管理している。次は「予定通りにいかなかった日」の原因として考えたことである。中から前もって気を付ければ防げたものを一つ選びなさい。

1) 午後から緊急の部内会議が開かれたから。
2) 交通渋滞のため外出先からの戻りが遅れたから。
3) 知り合いの急逝*を知らされて通夜に参列したから。
4) いつも長引く本部長との打ち合わせが長引いたから。
5) 取引先が面会時間を間違えて1時間遅く来社したから。

＊急逝（きゅうせい）とは，急に亡くなること。

POINT!
予定がその通りにいかなかった原因

29 秘書Aの上司は出張が多い。次は留守を預かる秘書として，上司の出張について知っておくようにしている事柄である。中から不適当と思われるものを一つ選びなさい。

1) 出張先でのおおよそのスケジュール
2) 出張先で関わる人たちの所属，氏名
3) 宿泊ホテルのレストランの朝食提供時間
4) 使用する交通機関の発着時刻，座席番号
5) 宿泊ホテルの所在地，電話・ファクス番号

POINT!
上司の出張について知っておくこと

27 解 答 3)

「解説」
書類の数え方は、一般的には「通」である。ただし枚数を数えるときは「枚」を使う。いずれにしても「編」とは数えないので組み合わせとして不適当ということである。

28 解 答 4)

「解説」
予定通りいかないのは、想定外のことが起きたり予定外のことが入ったりするからである。不測のことが起きたり入ったりは仕方のないこと。しかし、あらかじめ防げるものは防ぎたい。本部長との打ち合わせはいつも長引くのだから、長引いたのは予測可能で対処ができたということである。

29 解 答 3)

「解説」
上司出張の留守を預かる秘書は、出張期間中の交通、宿泊、仕事の予定に関して承知していないといけない。が秘書業務として承知していないといけないのは仕事に関してのことである。朝食を、上司はホテルで取るかもしれないが、あくまでも個人的なこと。そこまで知っておこうとする必要はない。

これで合格!

LECTURE

■オフィスの主な事務機器

●複写機（コピー機）、ファクス（ファクシミリ）、パソコン、プリンター、スキャナー、シュレッダー、その他の事務機器。

会議などではプロジェクターやOAボード（電子黒板）がよく使われます。

■事務用品の種類と管理

鉛筆、消しゴム、シャープペンシル、ボールペン、ホチキスなどの事務用品はよく使います。これらは消耗品ですから、常にチェックしなければなりません。

30 次は新人秘書Aが先輩から,「上司の部屋の環境整備はなぜ必要と思う?」と尋ねられたとき,考えたことである。中から不適当と思われるものを一つ選びなさい。

1) 上司が快適に仕事ができるようにするため。
2) 来客に対してきちんとした印象を与えるため。
3) 上司の地位にふさわしい部屋の品格を保つため。
4) 上司の部屋の印象は,会社の印象につながるため。
5) 対外的に,上司だけでなく秘書も信頼されることになるため。

POINT!
上司室の環境整備の必要性

31 次は秘書Aが行っている上司室の整備である。中から不適当と思われるものを一つ選びなさい。

1) 退社するときは,窓の施錠(せじょう)を確認したあとブラインドは全部閉めている。
2) 上司のデスクの上だけでなく中も,使いやすいように整理されているかを点検している。
3) 蛍光灯などの交換が必要になったときは,すぐに担当部署に連絡して取り替えてもらっている。
4) レンタルの観葉植物の枯れ葉の始末などは,業者の来るのを待たずに自分でするようにしている。
5) 透き通ったガラスの指紋のあとは目立つので,気が付いたらすぐにクリーナーで拭き取っている。

POINT!
上司室の整備の仕方

技能

30 解 答　5)

「解説」
上司の部屋の環境整備は，上司が働きやすく，また，来客など社外から訪れる人によい印象を持ってもらうなどのために必要があってするのである。秘書も信頼されることになるからということではないので不適当ということである。

31 解 答　2)

「解説」
上司のデスクである。使っているのは上司だから，中を使いやすいようにしているのは上司である。また，デスクの中は個人的なものである。一般的には秘書であっても手を付けることはしない。従って，整理されているか点検するなどは不適当ということである。

これで合格!

LECTURE

■環境整備
- 照明，防音，色彩，空気調節など室内環境の整備に配慮する。
- 上司の身の回りの整備をする。
- 室内の掃除をまめに行う。

EXERCISE 記述問題／技能

1 次の表は，令和5年1月の製品別生産高を示したものである。これを見やすいグラフにしなさい

（定規を使わないで書いてもよい）。

製品名	A	B	C
生産高	1,500	3,000	2,500

（単位：台）

2 秘書Aは上司から，「部長以上に配布してもらいたい」と資料を渡された。下の枠内はAの会社にいる，社長以外の役職者である。これを，この資料を①渡す相手，②渡さない相手に分け，それぞれ番号を（　）内に答えなさい（番号は小さいほうから順に書くこと）。

1 専務　　2 課長　　3 部長　　4 係長
5 常務　　6 本部長　　7 副社長

①渡す相手
（　　　　　　　　　　　）
②渡さない相手
（　　　　　　　　　　　）

3 下図は，社内文書（横書き）のレイアウトである。中の□内に記入する事項を右の番号から選び，番号をそれぞれの（　）内に記入しなさい。6番，8番，9番は記入してあります。

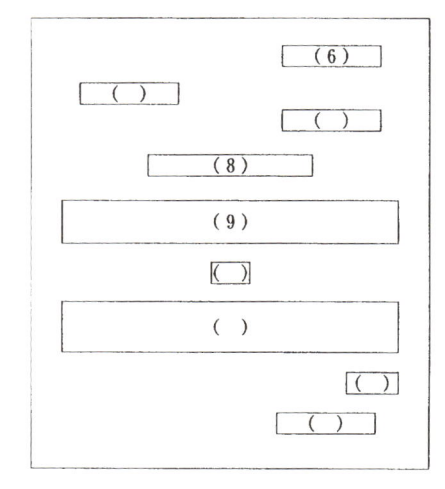

レイアウト図：
- （6）
- （　）
- （　）
- （8）
- （9）
- （　）
- （　）
- （　）
- （　）

1　記
2　以上
3　営業部長
4　営業部員各位
5　担当　営業部　福井
6　令和5年11月1日
7　1　日時　11月11日（月）
　　　　　　16時〜17時
　　2　場所　本社3階会議室
8　営業連絡会議の開催について
9　営業連絡会議を下記の通り行うので，出席してください。

LECTURE

記述問題／技能

1 解答例

（図）

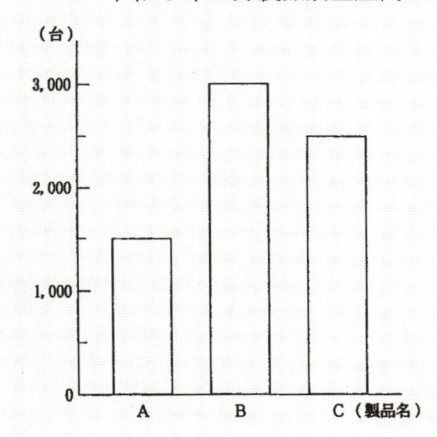

令和5年1月製品別生産高

（縦軸：台、0〜3,000）
- A：約1,500
- B：約3,000
- C：約2,500
（横軸：製品名）

2 解答

①渡す相手
　　1　3　5　6　7
②渡さない相手
　　2　4

3 解答

（右図）

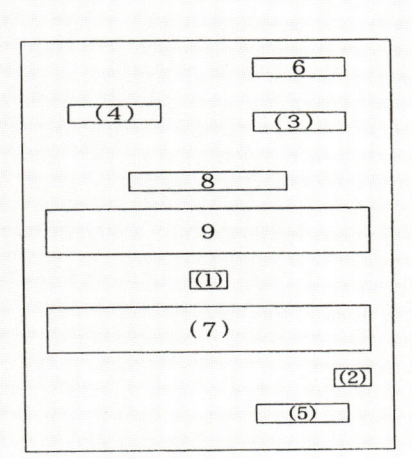

配置：
- 6
- (4)　　(3)
- 8
- 9
- [(1)]
- (7)
- [(2)]
- (5)

135

4 文書で，次の宛名に付ける敬称を漢字で一つずつ答えなさい（答えは重複しないようにすること）。

1) 職名

2) 個人名

3) 官公庁，会社などの団体名

5 秘書Aは上司から，世話になった取引先に贈る歳暮の送り状を書くように指示された。次はAが書こうとした文章だが，下線部分にはそれぞれ，①と②のどちらの言葉を入れるのがよいか。それぞれについて適切なものを選び，その番号を答えなさい。

　拝啓　師走の候，ますます<u>①隆盛　②健勝</u>のこととお喜び申し上げます。
　　　　　　　　　　　　　　　　a
　平素は格別のご厚情を賜り，厚く御礼申し上げます。
　本日，別便にてお歳暮のごあいさつの印に心ばかりの品をお送りいたしました。ご<u>①査収　②笑納</u>　いただければ幸いでございます。
　　　b
　まずは，書中をもって<u>①御礼　②ごあいさつ</u>申し上げます。　　<u>①敬具　②草々</u>
　　　　　　　　　　　　　　c　　　　　　　　　　　　　　　　　　d

a＿＿＿＿＿　b＿＿＿＿＿　c＿＿＿＿＿　d＿＿＿＿＿

6 部長秘書Aは，外出や会議などで不在中の部員宛ての電話を受けることがある。この電話のことを部員に伝える場合の「伝言メモ」には，何を書くか。「どのような用件か」以外に四つ答えなさい。

4 解答例

1) 殿・様
2) 様・殿
3) 御中

5 解答

a ①   b ②   c ②   d ①

6 解答例

1. どこからの電話か（相手の会社名や名前）
2. いつかかってきたか（電話を受けた日時）
3. 誰宛ての電話か（不在中の部員の名前）
4. 誰が受けた電話か（Aの名前）

minimini KEY WORD

ちょっと押さえておきたい用語
「技能」

■採決
メンバーの挙手，起立，投票などによって，会議の議案などの可否を取ることを採決といいます。

■始末書
何かの事故や過失を犯したときに，その経緯内容，理由などを説明したり，釈明をしたりするために書く文書が始末書。軽いものは理由書となることもあります。

■前略
手紙において，時候のあいさつなどを省略する意味で冒頭に書く慣用語。前略に始まった文章は，「草々」で結ぶのが一般的です。

■時候のあいさつ
時候とは，四季それぞれの気候や天候のことを意味し，手紙などでそれを踏まえた文頭にくるあいさつのことを「時候のあいさつ」といいます。

■円グラフと帯グラフ
二つ以上の事項の数量が全体の中で，どれくらいの割合（％）になるのかを見るのに適しています。例えば「顧客の年齢別構成比」「製品別売上高の構成比」などに用います。

■DM
ダイレクト・メールの略で，企業が販売促進の一環として，特定の消費者を対象に，商品や店舗情報などをはがきや封書で送る郵便物のことです。

■シュレッダー
不要になった書類を破棄する際に使う機器。書類から企業の秘密が漏れないように細長く裁断できるようになっています。また家庭で使用できるコンパクトなタイプもあります。

■往復はがき
往復はがきは，会の出欠の返事を折り返しもらいたいときなどに用いますが，返事を出すときは，相手の準備の都合を考えて，なるべく早く出すように心がけます。

■バックナンバー
雑誌や年鑑などの定期刊行物で，すでに刊行されている号のことをいいます。書店に置いてないことが多く，その場合は書店や出版社に注文して取り寄せることになります。

SECRETARY

06

直前模擬試験

テスト 1

実力テスト

テスト1「直前模擬試験」は実力テストです。実際の試験問題と同じ形式で作成してありますので，各領域で学んだ力を試してください。また，筆記試験は「理論編」と「実技編」に領域区分され，それぞれが60％以上正解のとき合格となります。早稲田教育出版編集部独自のものですが，合格の目安を記していますので，所定の時間内に問題を解き終えたら，その結果を評価欄に照らしてください。合格圏内にあるか，さらなる努力がどの程度必要かが分かります。

| 試験時間　110分 |

区別	領　域	問題数	正解数	合計正解数
理論編	Ⅰ　必要とされる資質	／5問		／13問
理論編	Ⅱ　職務知識	／5問		／13問
理論編	Ⅲ　一般知識	／3問		／13問
実技編	Ⅳ　マナー・接遇	／12問 (2問が記述式)		／22問
実技編	Ⅴ　技能	／10問 (2問が記述式)		／22問

●評価

■理論編

〈正解数〉　　〈評価〉
8問以上　　クリア
7問　　　　あと一息でクリア
6問　　　　やや努力が必要
5問　　　　さらに努力が必要
4問以下　　かなり努力が必要

■実技編

〈正解数〉　　〈評価〉
14問以上　　クリア
12・13問　　あと一息でクリア
10・11問　　やや努力が必要
8・9問　　さらに努力が必要
7問以下　　かなり努力が必要

◎理論編，実技編それぞれ60％以上正解のとき合格となります。なお，合格の目安は早稲田教育出版編集部が独自に付けたものです。

必要とされる資質

（チェック欄）□ □ □

1 秘書Aの上司が面談中,「上司に教えてもらいたいことがある」と言って,取引先Y社のM氏が不意に訪れた。上司は面談中であと30分ほどかかることを伝えると,「終わるまで待っているので,気にしないでほしい」と言う。このような場合,AはM氏にどのように対応すればよいか。次の中から**適当**と思われるものを一つ選びなさい。

1) Y社担当者にM氏のことを話し,上司が戻るまで相手をしてもらえないかと頼む。
2) M氏は待つと言っているので,上司の面談が終わるまでAが話し相手をしている。
3) M氏は待つと言っても,30分も待たせては申し訳ないので,次回の面談予約をして帰ってもらう。
4) M氏は待つと言っているが,メモで上司にM氏来訪の件を伝え,待ってもらうかどうかの指示を得る。
5) 30分も待たせることになるので,面談中の上司に内線電話を入れ,M氏来訪の件を伝え,受付まで来てもらう。

（チェック欄）□ □ □

2 秘書Aは,営業部の先輩Cから「営業部員Yが異動になるといううわさを聞いたが本当か」と尋ねられた。Aは,Yが異動になることを知っている。このような場合,Cにどのように対応するのがよいか。次の中から**適当**と思われるものを一つ選びなさい。

1)「知ってはいるが,今は言えない」と立場を理解してもらう。
2)「いくら先輩でも,人事異動のことは口外できない」ときっぱり言う。
3)「自分から聞いたことは絶対に言わないと約束するなら知らせる」と言う。
4)「あと数日で教えることができると思うので数日待ってもらいたい」と言う。
5)「人事の書類は秘書課を経由するが,自分が書類を見ることはないので分からない」と言う。

（チェック欄）☐ ☐ ☐

3 次は，秘書Aが上司から仕事の指示を受けるときに心がけていることである。中から<u>不適当</u>と思われるものを一つ選びなさい。

1) 指示内容に不明なところがあったときは，確認は最後にするようにしている。
2) 指示を受け終わったら，用件が全部で幾つあったかを確認するようにしている。
3) 指示通りできそうもないときは，できないかもしれないが，それでもよいかと確認している。
4) 指示を受けたときは，指示の内容を復唱して違いがないか確かめ，そのとき，やり方についても必要なら確かめている。
5) 指示を受けるときはメモを取りながら受け，そのメモは後の参考のためにしばらく捨てないで保存しておくようにしている。

（チェック欄）☐ ☐ ☐

4 秘書Aが退社の支度をしていると，取引先のS部長が不意に来社した。上司に伝えると面会すると言う。Aは今日友人と歌舞伎を見に行く約束があり，上司には定時に退社することの了承を得ている。このような場合Aはどのようにしたらよいか。次の中から<u>不適当</u>と思われるものを一つ選びなさい。

1) すぐにお茶出しの準備をし，上司には，お茶を出したら退社してもよいかと尋ねる。
2) 同僚Bに事情を話してお茶出しを頼み，頼んだことを上司に報告して，先に退社させてもらうと言う。
3) 今朝，上司には定時に退社するとの了承を得ているので，お茶出しは他の人に頼んでもらえないかと言う。
4) お茶出しだけは手早く行い，友人には急いで連絡し，少し遅れるが，約束の所で待っていてほしいと頼む。
5) S部長とはいつもこの後一緒に食事に出るので，それまでは席で待つことにし，友人には連絡して先に観劇をしていてもらう。

(チェック欄) □ □ □

5 秘書Aの上司（田中部長）のところに，取引先のS氏が来訪した。この時刻に上司に面談の約束をしてあると言う。Aはこのことについて何も聞いていない。上司は先ほど不意に訪れた客と面談中である。このような場合，AはS氏にどのように対応すればよいか。次の中から**適当**と思われるものを一つ選びなさい。

1) 「あいにく田中は面談中で会えるかどうか分からないが，取り次いでみる」と言う。
2) 「自分は何も聞いていないので田中に確認してみる。少し待ってもらえるか」と言う。
3) 「田中は面談中だが，メモを入れてみるので，申し訳ないが少し待ってもらえないか」と言う。
4) 「申し訳ないが田中は面談中で会えないが，改めて約束してもらうということでは駄目か」と言う。
5) 「田中が会っているのは不意に訪れた客なので，それほど時間がかからないと思う。終わるまで待ってもらえるか」と言う。

職務知識

(チェック欄) □ □ □

6 新人秘書Aが先輩秘書Cに，上司について知っておくとよいことを尋ねたところ次のように教えられた。中から不適当と思われるものを一つ選びなさい。

1) 休日の過ごし方
2) 趣味やスポーツ
3) 食事や飲み物などの好み
4) 会員になっている団体やクラブ
5) 親しくしている友人や知人の名前

(チェック欄) □ □ □

7 秘書Aは上司から，A4判の横書きの資料を3枚渡され2部コピーしてもらいたいと言われた。次はこのとき，Aが順に行ったことである。中から不適当と思われるものを一つ選びなさい。

1)「はい，かしこまりました」と言って受け取った。
2) そのとき，「何時ごろまでにご必要でしょうか」と併せて，
3)「とじたほうがよろしいでしょうか」と尋ねた。
4) そろえた書類の左肩を先輩に教えてもらった方法でとじた。
5) ミスコピーはシュレッダー処理をした。

(チェック欄)　□　□　□

8　秘書Aの上司（部長）が出張することになり，Aは準備をするように指示された。次はAが，出張の前日に行ったことである。中から不適当と思われるものを一つ選びなさい。
1) 上司に乗車券や旅程表，旅費概算金を渡した。
2) 同行者に資料や手土産について確認し，各々に渡した。
3) 作成した旅程表のコピーを，課長や関係のある人に配布した。
4) 出張先で面談する取引先に電話で，予定通り出張すると伝えた。
5) 上司に，出張中の電話連絡は毎日何時ごろすればよいかを確認した。

(チェック欄)　□　□　□

9　秘書Aが内線電話を取ったところ，専務からで「部長にすぐこっちに来るよう伝えてもらえないか」と言われた。部長は書類に目を通している。このような場合の対応について，次の中から不適当と思われるものを一つ選びなさい。
1)「はい，伺えると思いますが，お伝えします」
2)「はい，すぐに伺いますので，お待ちください」
3)「はい，かしこまりました。部長にお伝えします」
4)「はい，すぐ確認しますので，お待ちいただけますか」
5)「はい，部長は席においでになりますので，代わります」

(チェック欄)　□　□　□

10　次は秘書Aが，仕事をする上で日ごろ心がけていることである。中から不適当と思われるものを一つ選びなさい。
1) 指示された仕事は，仕上げの期限の確認を忘れないようにしている。
2) 外出中の上司を訪ねてきた社内の人には，帰社時間は知らせるが，伝

言は受けないようにしている。
3) 上司が外出先から帰ってきたときは,「お帰りなさいませ」と言って立ち,「お疲れさまでした」と言っている。
4) 顔見知りの来客から,上司の個人的なことを聞かれたときは「私には分かりかねます」と言うようにしている。
5) 上司に報告をするときには,報告の最後に「何かご不明な点はございますでしょうか」と尋ねるようにしている。

一般知識

11 次の「　」内の説明は,下のどの項目の説明か。中から**適当**と思われるものを一つ選びなさい。
「商品やサービスの売買にあたって,代金を受け取った証拠として渡す書類」
1) 納品書
2) 商品券
3) 領収書
4) 小切手
5) 収入印紙

12 次の用語の組み合わせで**適当**と思われるものを一つ選びなさい。
1) 取締役　　　　　＝　専務・常務・監査
2) エグゼクティブ　＝　重役
3) ミドルマネジメント　＝　部長・課長・係長
4) ライン部門　　　＝　人事部・営業部・製造部
5) マーケティング　＝　販売計画・製品計画・人事計画

13 次は,用語とその意味の組み合わせである。中から<u>不適当</u>と思われるものを一つ選びなさい。
1) ダウンロード　＝　脱輪する
2) ドロップアウト　＝　脱落する

3) スローダウン ＝ 速度を落とす
4) コストダウン ＝ 生産費が減少する
5) イメージダウン ＝ 印象や評判が悪くなる

マナー・接遇

14 次は，秘書Aのあいさつの言葉である。中から<u>不適当</u>と思われるものを一つ選びなさい。
1) 上司が出張から戻ったとき「お帰りなさいませ。ご苦労さまでした」
2) 上司との面談を終えて客が帰るとき「失礼いたします。どうぞお気を付けて」
3) 上司が出社したとき「おはようございます。すぐにお茶をお持ちいたします」
4) 上司と面会約束のある客が訪れたとき「いらっしゃいませ。お待ちいたしておりました」
5) 上司の指示で，取引先に書類を届けて戻ったとき「ただ今戻りました。確かに書類をお届けしてまいりました」

15 秘書Aはお茶を出すとき，次のように行っている。中から<u>不適当</u>と思われるものを一つ選びなさい。
1) お茶とお菓子を出すときは，お菓子を先に，客から見て左の前に出している。
2) サイドテーブルがないときは，客の前にまず茶たくを置き，茶わんを載せている。
3) 複数の来客に出すときは，上位者を確かめておき，上位者から順にお茶を出している。
4) 茶たくに茶わんを載せるときは，水滴がつかないように茶わんの底を布巾で拭いている。
5) お茶を入れ替えるときは，出したお茶が口をつけずに残っていても下げて，新しいお茶を出している。

16　次は秘書Aが，上司へ報告するとき心がけていることである。中から不適当と思われるものを一つ選びなさい。
1) 内容が込み入っているときは，口頭だけでなく，メモにもして報告するようにしている。
2) 報告することが幾つかあるときは，最初にその数を伝えてから，報告するようにしている。
3) 期待通りの結果が得られなかったときは，まずその理由を告げてから報告するようにしている。
4) 指示された仕事が，期日までにできそうにない場合は，すぐにそのことを報告するようにしている。
5) 報告に時間がかかりそうなときは，そのことを最初に告げ，了解を得てから報告するようにしている。

17　次は，忠告を受ける際の注意点である。中から不適当と思われるものを一つ選びなさい。
1) 忠告を受けるときは，誰が言ったのかではなく，何を言われたかを考える。
2) 後輩のミスも注意されたら，そのことは謝る必要はなく「後で，注意しておく」と言う。
3) 仮に自分に言い分があっても，ミスはミスなので「でも」「だって」などと言い訳はしない。
4) 感情的になったり，開き直ったりしないで，素直にわび，同じミスをしないように注意する。
5) 感情的になったり，弁解したりしないで，素直に反省し，「申し訳ございませんでした。以後気を付けます」とわびる。

18　次は，秘書Aの言葉遣いである。中から不適当と思われるものを一つ選びなさい。
1) こちらで待つように言うとき

「こちらでお待ちくださいませ」
2) 自分が用件を聞くと言うとき
「お差し支えなければ，私がご用件を承りますが」
3) 今日は会えないと言うとき
「せっかくでございますが，本日はお会いいたしかねます」
4) 来客に，その件は総務課で聞いてくださいと言うとき
「恐れ入りますが，その件でしたら，総務課で伺ってください」
5) 上司と面談中の客に，電話がかかっていると言うとき
「お話し中失礼いたします。御社からお電話が入っておりますがいかがいたしましょうか」

（チェック欄）□ □ □

19 次は秘書Aが，他部署に行くときなどにちょっと自分の席を立つとき，どのようにするのがよいか考えたことである。中から**適当**と思われるものを一つ選びなさい。
1) 近くの同僚に，小声で行き先を告げて席を立つ。
2) 秘書課長か，いなければ先輩に断ってから席を立つ。
3) 「営業部へ」などと行き先を書いたメモを机の上に置いて席を立つ。
4) 周りの人に聞こえるような程度の声で行き先を言ってから，席を立つ。
5) 「営業部へ」などと行き先を書いたメモを近くの同僚に渡してから席を立つ。

（チェック欄）□ □ □

20 次は秘書Aが，来客から名刺を受け取って，上司に取り次ぐときに行っていることである。中から<u>不適当</u>と思われるものを一つ選びなさい。
1) 名刺を受けるときは，片手では失礼になるので，両手で受ける。
2) 受けた名刺は手のひらに載せ，名前が隠れないように親指で押さえて持つ。
3) 受けた名刺は，裏面を確かめてから，会社名や氏名を口に出して確認する。
4) 会社名や氏名の読み方が分からないときは，その場ですぐ尋ねるようにしている。

5) 予約客で名前が分かっていても，名刺の会社名と氏名を確認するようにしている。

21 次は，秘書Aのしぐさや行動について述べたものである。中から不適当と思われるものを一つ選びなさい。
1) 相手に書類を渡すときや，受け取るときは，両手で行っている。
2) お辞儀をするときは，体の前で手を重ねて，腰から体を倒している。
3) 上司の机の前で報告するときは，上司の斜め前に立って報告している。
4) 電話をかけるときは，片手を送話口に添えるようにして，両手で受話器を持っている。
5) 客に座る席を差し示すときは，指をつけて手のひらを客に向け，片手全体で席を示している。

22 秘書Aは上司から，「取引先の葬儀に行くことになった，香典を用意してもらいたい」と指示された。そこでAは次のことを上司に確認した。中から不適当と思われるものを一つ選びなさい。
1) 葬儀の形式は何か。
2) 金種に希望はあるか。
3) 何時までに用意するか。
4) 金額は規定の額でよいか。
5) 贈り主名はどのように書くか。

23 次は，話の聞き方について述べたものである。中から不適当と思われるものを一つ選びなさい。
1) 話を聞くときは相手の話の腰を折ったり，揚げ足を取ったりしない。
2) 話を聞くときは，相手が話を進めやすいように適度に相づちを打つのがよい。
3) 話は，たとえそれが愚痴のようなものであっても，最後まで聞くのがエチケットといえる。

4) 相手の言葉の足りないと思われるところは，相手の言おうとすることを補って聞くのがよい。
5) 話を聞いていて，つじつまの合わないところに気が付いたら，その場で教えてあげた方がよい。

技　能

24 次は，秘書Aの上司宛てに届いた郵便物の渡し方である。中から不適当と思われるものを一つ選びなさい。
1) 書留のような郵便物は，受信簿に記録してから渡している。
2) 開封した郵便物と開封しない郵便物は別々にまとめている。
3) 広告のようなものは，関心がありそうと思われるものだけ渡している。
4) 開封してよいものは開封して，重要や急ぐと思われるものを上にしている。
5) 開封してよいものかどうか分からないときは，上司にどのようにするか尋ねている。

25 次は，秘書Aが上司の部屋の整備で毎日行ったり，気を付けていることである。中から不適当と思われるものを一つ選びなさい。
1) 日付印の日付を変えている。
2) 新聞を新聞とじにとじている。
3) 上司の机上の本や資料は元に戻している。
4) 観葉植物は，鉢を点検し，乾き具合によっては水をやっている。
5) 書棚のガラス戸を点検し，指あとなどはガラスクリーナーで磨いている。

26 次は，秘書Aが横書きで書いた文書の中の数字の例である。中から不適当と思われるものを一つ選びなさい。
1)「概算は30万円になります」
2)「二，三日中に到着いたします」
3)「お二人分ご一緒でよろしいでしょうか」

4)「私どもの九州支社で取り扱っております」
5)「3つ子の魂百までということわざがあります」

(チェック欄) □ □ □

27 次は秘書Aが，上司宛ての封書を受け取ったときに行っていることである。中から<u>不適当</u>と思われるものを一つ選びなさい。
1) 業務用の文書か私信か分らないものは，開封せずに渡している。
2) 現金書留は受信簿に記録してから，開封しないで渡している。
3) 社用の封筒であれば，個人名が書いてあっても開封して渡している。
4) 開封した郵便は，文書と封筒を留めて，発信日付順にして渡している。
5) 上司に見せる必要がないと思われるDMはそのまま捨てるようにしている。

(チェック欄) □ □ □

28 次は，手紙の書き出しの言葉（頭語）と結びの言葉（結語）の組み合わせである。中から<u>不適当</u>と思われるものを一つ選びなさい。
1) 前略 ― 草々
2) 拝啓 ― 敬具
3) 拝啓 ― 敬白
4) 拝復 ― 以上
5) 謹啓 ― 敬白

(チェック欄) □ □ □

29 秘書Aは上司から，外部から五，六人の参加者を招いて会議を開くので準備をしてもらいたいと指示された。次はそのとき上司に確認したことである。中から<u>不適当</u>と思われるものを一つ選びなさい。
1) 資料作成などの準備作業はあるか。
2) 開催案内はいつまでに出せばいいか。
3) 昼食時間にかかるが，昼食の用意は必要か。
4) 最初に緑茶を出すが，その後はコーヒーでよいか。
5) 人数が少ないので席順は到着順に奥からでよいか。

30　次は，書留について述べたものである。中から不適当と思われるものを一つ選びなさい。
1) 小包も書留にすることができる。
2) 書留類も速達で送ることができる。
3) 「現金書留」は硬貨も送ることができる。
4) 種類は「一般書留」と「現金書留」の2種類である。
5) 「現金書留」は現金と一緒に手紙を送ることができる。

31　次は，事務用品の名称とその説明の組み合わせである。中から不適当と思われるものを一つ選びなさい。
1) チェックライター　＝　書類などに連続した番号を押す器具。
2) ゼムクリップ　　　＝　数枚の紙を一時的にまとめて留めるための用品。
3) ホチキス　　　　　＝　書類を針でとじるための用具。ステープラともいう。
4) フラットファイル　＝　中にとじ具の付いている書類挟み。レターファイルともいう。
5) デスクトレー　　　＝　机上に置き，書類を一時入れておくための浅い箱。決裁箱ともいう。

記述問題　マナー・接遇

（チェック欄）□ □ □

32 秘書Aが電話（外線）に出ると上司（山本部長）宛ての電話だった。この電話を上司に取り次ぐとき，電話の相手にどのように言えばよいか。その言葉を書きなさい。

（チェック欄）□ □ □

33 秘書Aは上司から，取引先の部長と課長が来社したら応接室へ案内するように言われている。このような場合，取引先の部長と課長が来社したとき，下の図の応接セットのどの位置に座ってもらうことになるか。またこちらも部長と課長が対応する。どこに座るか。（　　）内に数字を記入しなさい。

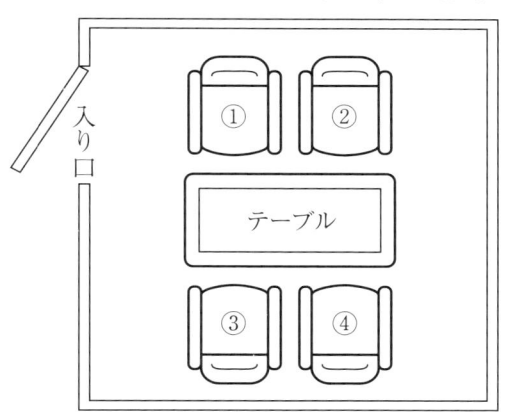

取引先の部長　（　　）
取引先の課長　（　　）
当社の部長　　（　　）
当社の課長　　（　　）

記述問題　　　　　　　　技　能

(チェック欄) □ □ □

34 次の「　　」内の内容を，枠内に箇条書きで書きなさい。

「11月7日（木）午後5時から6時に，第2会議室で行う。対象は，新入社員全員」

　　　　　　　　　　　　　　　　　　　　　令和×年10月25日
新入社員各位
　　　　　　　　　　　　　　　　　　　　　　　　　人事部長

　　　　　　　　第3回社内勉強会のお知らせ

下記の通り，社内勉強会を行います。
　　　　　　　　　　　　記

　　　　　　　　　　　　　　　　　　　　　　　　　以上

(チェック欄) □ □ □

35 次は，令和×年12月現在のA社の年代別社員数を示した表である。これを見やすいグラフに書きなさい。（注）定規は使わないで書いてもよい。

年　代	20代	30代	40代以上
人　数	20	35	30

　　　　　　　　　　　　　　　　　　　　　　（人）

（終わり）

SECRETARY

07

本試験問題

テスト **2**

本番テスト

テスト2「本試験問題」は本番テストです。実際に出題された過去問題が掲載してあります。問題をよく読み何が問われているかに注意して，総仕上げのつもりで取り組んでみてください。
●設問ごとの難易度ランクを解答解説編に付けていますので，参考にしてください。

| 試験時間　110分 |

区別	領　域	問題数	試験時間
理論編	Ⅰ　必要とされる資質	／5問	110分
	Ⅱ　職務知識	／5問	
	Ⅲ　一般知識	／3問	
実技編	Ⅳ　マナー・接遇	／12問 (2問が記述式)	
	Ⅴ　技能	／10問 (2問が記述式)	

職務知識

(チェック欄) □ □ □

1

秘書Aは，上司から急いで指示を受けなくてはならないことができたが，上司は応接室で来客と面談中である。そこでAは，指示は応接室でメモを見せて受けることにした。次はそのときAが行ったことである。中から不適当と思われるものを一つ選びなさい。

1) 応接室に入るとき，小声で「お話し中失礼いたします」と言ってから入った。
2) 上司は話の最中だったので，メモを渡すとき軽くお辞儀をして黙って渡した。
3) 上司にメモを渡したあと，「すぐにご指示をお願いします」と言って待った。
4) 上司から質問をされたとき，来客に聞かれても差し支えのないことだったが，小声で答えた。
5) 上司からの指示は，短い簡単な内容だったので復唱はせず「かしこまりました」とだけ言った。

(チェック欄) □ □ □

2

秘書Aが外線電話を取ると，女性の声で自分を名乗らず，親しげに「部長さんをお願いします」と言う。取引先D社にはFという女性の部長がいて，Aも一度電話を取ったことがある，その部長らしい。このような場合，在席している部長にどのように取り次げばよいか。次の中から適当と思われるものを一つ選びなさい。

1) F部長だとすればD社からなので，「D社からお電話です」と言って取り次ぐ。
2) 相手は名乗らないのだから，「女性の方からのお電話です」と言って取り次ぐ。
3) 相手の見当はついているのだから，「D社のF部長からお電話です」と言って取り次ぐ。
4) 親しげな言い方であっても，「F様でいらっしゃいますか」と尋ね，確認してから取り次ぐ。

5) それらしい人を取り次ぐのだから,「D社のF部長らしい方から,お電話です」と言って取り次ぐ。

マナー・接遇

（チェック欄）□ □ □

3

秘書Aは,新人Bの立ち居振る舞いや動作が雑なので注意することにした。次はAがBに注意したことである。中から不適当と思われるものを一つ選びなさい。

1) 席を離れるときは,必要以上に椅子を机から離さないようにして立つこと。
2) 電話が終わったときは,軽くお辞儀をするようにして受話器は静かに置くこと。
3) 椅子に座っているときは,人前ではどのような場合でも両ひざを合わせていること。
4) 廊下などを歩くときは,歩幅をなるべく小さくして,ゆっくり歩くようにすること。
5) ドアを開けるときは,必要以上に大きく開けないようにし,ノブから手をすぐに離さないこと。

必要とされる資質

（チェック欄）□ □ □

4 秘書Aの上司は,Aに仕事の指示をした後,内容を変更することがよくある。次はAが,このような上司への対応として考えたことである。中から不適当と思われるものを一つ選びなさい。

1) 指示されたときに,変更があったら早めに教えてもらいたいと頼んでおく。
2) 指示されたらすぐに取りかからないで,しばらく様子を見てから取りかかる。
3) 指示されたことに取りかかるとき,今から始めるが指示通りに進めてよいか確認する。

4) 指示されたときに，変更可能な期限を伝え，それ以降だと出来上がりは遅くなると伝えておく。
5) 指示通り進めるが，変更があると支障が出そうなところまできたら，変更はないか確認する。

(チェック欄) □ □ □

5　次は秘書Aが，外出から戻ってきた上司（部長）に対して行ったことである。中から不適当と思われるものを一つ選びなさい。
1) 上司が上着を腕に抱えて帰ってきたので
　　上着を預かり，「お飲み物は冷たい物にいたしましょうか」と尋ねた。
2) 留守中に専務から，至急来てもらいたいと伝えるように言われていたとき
　　「すぐに専務室にいらっしゃっていただけませんでしょうか」と伝えた。
3) 留守中に訪ねてきた見知らぬ客から名刺を預かっていたので
　　「お名刺をお預かりしております」と言って渡し，客の姿かたちを説明した。
4) 留守中に取引先からあった電話を課長に回したので
　　課長に電話を回したことと用件を話し，「課長をお呼びいたしましょうか」と尋ねた。
5) 上司から，外出先から頂いた物だと菓子折りを渡されたとき
　　受け取りながら，「ありがとうございます。3時にお茶と一緒にみんなで頂きます」と言った。

(チェック欄) □ □ □

6　秘書Aは上司（部長）から，取引先の祝賀パーティーの返信はがきを渡され，「これから外出するので出しておいてもらいたい，必要なことはわたしが記入しておいた」と言われた。出すときに見ると，同行者（課長）の名前の文字が違っている。このような場合Aは，どのように対処すればよいか。次の中から適当と思われるものを一つ選びなさい。
1) 文字を直して上司の机の上に置いておき，上司が戻ったら確認してもらってから出す。
2) 名前の文字の間違いなのでAが直して出しておき，上司が戻ったら出

しておいたとだけ報告する。
3) 上司が記入したものなので，上司が戻るまでこのままにしておき，戻ったら直してもらってから出す。
4) 記入したのは上司で，必要なことは記入しておいたと言われているのだから，何もせずにこのまま出す。
5) 上司が戻るまでこのままにしておき，上司が戻ったら文字が違っているので直すがよいかと尋ねてから，直して出す。

（チェック欄）□ □ □

7 部長秘書Aと同僚4人が上司から，「急なことだが，この文書を今日中に封入して，明日一番で送りたい，みんなでやってもらえないか」と言われた。もう退社時刻で，5人でやっても終わらせるには2時間はかかりそうである。次はこのとき，Aと同僚4人が上司に言ったことである。中から**不適当**と思われるものを一つ選びなさい。
1) 会議室の後片付けをしようとしていたAは，「会議室を片付けてからかかります」
2) 外出から戻ってきたばかりのBは，「今からやれます。何なりとご指示ください」
3) 友人と観劇の約束があるCは，「予定があるので，6時まででよろしいでしょうか」
4) 退社する準備をしていたDは，「急に言われても困りますが，何とか都合を付けましょうか」
5) 明日使う資料を作成していたEは，「資料作りにあと30分ほどかかりますが，それからでは遅いでしょうか」

（チェック欄）□ □ □

8 秘書Aの上司は取引先のN氏と電話で話している。話の内容から，上司がよく利用しているレストランの電話番号が必要になりそうである。このようなことに，Aはどのように気を利かしたらよいか。次の中から**適当**と思われるものを一つ選びなさい。
1) すぐにメモして，上司の机まで持っていく。
2) レストランの電話番号が必要かどうかをメモで尋ねる。

3）指示があったらすぐに知らせられるように準備しておく。
4）上司の指示がすぐ分かるように，話の内容を聞いている。
5）指示のときはAを見るであろうから，上司の動きを見ている。

職務知識

（チェック欄）□ □ □

9 次は新人秘書Aが先輩Cから，秘書業務について教えられたことである。中から<u>不適当</u>と思われるものを一つ選びなさい。
1) 上司の健康診断の日時の予約は，秘書が注意していてすることである。
2) 出勤は上司が出社する前にし，上司の部屋の掃除と整頓をすること。
3) 応接室に不意の客を通したときは，お茶を出すかどうかを確認すること。
4) 上司が出張から戻ったときは，旅費や経費の精算をし，必要があれば礼状を出すこと。
5) 上司主催の会議が決まったときは，会議室の予約と，作成する資料があるか確認すること。

（チェック欄）□ □ □

10 秘書Aは上司から，「明後日の部長会で使うので，コピーして各部長に配布しておいてほしい」と，大きさが2種類の資料十数枚を渡された。次はこのとき，Aが上司に確認したことである。中から<u>不適当</u>と思われるものを一つ選びなさい。
1) 大きさを統一してコピーするがよいか。
2) 両面にコピーするがよいか。
3) とじたほうがよいか。
4) 配布は今日中でよいか。
5) 部長が不在のときは，秘書に預けてもよいか。

（チェック欄）□ □ □

11 秘書Aは上司から分厚い資料を見せられ，4時ごろまでに，印のある部分を集めて1部の資料にしてもらいたいと言われた。ワープロで打つことになるが，4時では間に合いそうもない。このような場合，Aはどのように対

応するのがよいか。次の中から不適当と思われるものを一つ選びなさい。
1) 同僚に手伝ってもらえばできそうだが,それでよいか尋ねて取りかかる。
2) できるだけやるが,時間を少し延ばしてもらうことはできないかと尋ねる。
3) できるところまでやってみて,4時ごろ報告すると言ってから取りかかる。
4) やれるだけやってみるが,途中で同僚に頼むかもしれないと言って取りかかる。
5) 2人でやれば確実にできるので,手伝ってくれる人を指名してくれないかと言う。

一般知識

12 次は,用語とその反対の意味の用語の組み合わせである。中から不適当と思われるものを一つ選びなさい。
1) 栄転 ―― 左遷
2) 昇格 ―― 降格
3) 慶事 ―― 催事
4) 債権 ―― 債務
5) 内需 ―― 外需

13 次は,用語とその意味の組み合わせである。中から不適当と思われるものを一つ選びなさい。
1) ケア ＝ 世話
2) エリア ＝ 区域
3) シニア ＝ 地位
4) キャリア ＝ 経歴
5) メディア ＝ 媒体

14 次は,「代表取締役」についての説明である。中から適当と思われるものを一つ選びなさい。

1) 監査役の別名である。
2) 副社長の別名である。
3) 社長であることが多い。
4) 相談役であることが多い。
5) 総務担当重役のことである。

マナー・接遇

（チェック欄）□ □ □

15 秘書Aは来訪した上司の友人Y氏から，皆さんで，と菓子折りを渡された。上司に報告して開けてみると，和菓子である。次は，この頂き物についてAが行ったことである。中から**不適当**と思われるものを一つ選びなさい。
1) 3時に近かったのですぐに配ることにし，一人一人に配りながらY氏から頂いたものだと言った。
2) 今日休暇を取っているBには，日持ちしそうな菓子だったので机の中に入れておいた。
3) 外出中の課長は和菓子が苦手なのを知っていたが，置いておき，近くの席のCにY氏からと伝えるように頼んだ。
4) 上司室で談笑している上司とY氏に，早速頂いていると言って，替えのお茶と一緒に出した。
5) 数個余ったが，どうしたらよいかと書いたメモを添えて上司机の上に置いておいた。

（チェック欄）□ □ □

16 秘書Aは，上司が部下に「口答えするな」と言っているのを耳にした。これは，部下がどのようなことを言われていたと思うか。次の中から**適当**と思われるものを一つ選びなさい。
1) 言っていることが，口先だけのことだと言われている。
2) 口頭で答えないで，文書で答えるようにと言われている。
3) 部下なのに，言っていることが生意気だと言われている。
4) 口で返答するのではなく，態度で示すようにと言われている。
5) 部下なのだから，上司の言うことを黙って聞くようにと言われている。

17 次は秘書Aが、上司（部長）に対して言った言葉遣いである。中から不適当と思われるものを一つ選びなさい。

1) 上司から、課長（中村）を呼んでもらいたいと言われたとき
「はい、承知いたしました。中村課長ですね」
2) 出かけようとしている上司から、後を頼むと言われたとき
「はい、かしこまりました。行っていらっしゃいませ」
3) 上司から計算の仕方を説明されて、分かったかと言われたとき
「はい、分かりました。間違えないように気を付けます」
4) Aの席まで来た上司から、声をかけられたとき
「ご足労くださり恐れ入ります。どのようなご用でしょうか」
5) 上司に、先に退社してよいかと尋ねるとき
「申し訳ございません。お先に失礼してもよろしいでしょうか」

18 秘書Aは、新入社員Bが電話の相手の名前をよく聞き違えるので注意することにした。次は、そのときBに言ったことである。中から不適当と思われるものを一つ選びなさい。

1) よく電話をかけてくる相手の名前を一覧表にしておき、普段見ていて名前になじんでおくこと。
2) 相手の話し方の癖などから、電話の相手が誰であるかぐらいは、すぐに分かるように努力すること。
3) 相手が名前を言ったら、「〇〇様でいらっしゃいますね」と、こちらから名前を言って確認すること。
4) 相手が名前を言ったら、「恐れ入りますが、もう一度お願いできますか」と二度言ってもらうようにすること。
5) 相手の名前がよく聞き取れなかったときは、「恐れ入りますが、もう一度おっしゃっていただけますか」と聞き直すこと。

19 次は秘書Aが、今朝会った人たちにしたあいさつである。中から不適当と思われるものを一つ選びなさい。

1) 昨日一緒に残業した先輩に，「おはようございます。昨日はお疲れさまでした」
2) 今日，外出することになっている同僚に，「おはよう。雨がやんでよかったわね」
3) 小走りに歩いていた他部署の秘書に，「おはようございます。いつもお元気ですね」
4) 旅行かばんを持っていた先輩社員に，「おはようございます。ご出張でいらっしゃいますか」
5) いつもより早く出勤していた課長に，「おはようございます。今日はどうしてお早いのですか」

（チェック欄）□ □ □

20 秘書Aは，急用で外出することになった上司（鈴木部長）から封筒に入った資料を渡され，間もなく来社する取引先の山本氏に渡し，後ほど電話をすると伝えるように言われた。次は，来社した山本氏に対してAが言ったことである。中から言葉遣いが<u>不適当</u>と思われるものを一つ選びなさい。
1)「山本様でいらっしゃいますね。いつもお世話になっております」
2)「申し訳ございませんが，あいにく鈴木は急用のため外出いたしました」
3)「山本様にお渡しするよう，鈴木から資料を預かっております」
4)「こちらでございます。どうぞご確認してくださいませ」
5)「鈴木が後ほどお電話を差し上げると申しておりました」

（チェック欄）□ □ □

21 次の「　　」内は，秘書Aの日ごろのあいさつの言葉である。中から<u>不適当</u>と思われるものを一つ選びなさい。
1) 来客には，誰に対しても「いらっしゃいませ」
2) 退社する目上の社員には，「ご苦労さまでした」
3) 出張から戻ってきた上司には，「お疲れさまでした」
4) 廊下を歩いていて追い越す人に対しては，「失礼します」
5) 朝のうちはどのような電話にも，出たとき「おはようございます」

22 新人秘書Aは社員研修で,「話し方で,その人がどのような人か見当が付く。話し方はそのくらい重要なことなので注意するように」と教えられた。次はそのときAが,秘書にはどのような話し方が向いているか考えたことである。中から**適当**と思われるものを一つ選びなさい。

1) 切れ目が少ない話し方のほうが,女性的で,女性秘書には向いているかもしれない。
2) 話すとき声が小さいほうが,上品な感じがするので,秘書向きの話し方かもしれない。
3) 歯切れのよい,はっきりした話し方のほうが,秘書としては信頼を得られるかもしれない。
4) 早口でせかせかした感じの話し方のほうが,忙しい上司の秘書には向いているかもしれない。
5) 語尾を伸ばした話し方のほうが,かわいいと言われるので,秘書には適しているかもしれない。

23 次は秘書Aが,使いなどで出かけるとき,戻ったときに行っていることである。中から**不適当**と思われるものを一つ選びなさい。

1) 出かける前に皆に行き先を言って,ついでに足す用事があればしてくると声をかけるようにしている。
2) 皆が忙しい最中に出かけるときは,行き先をメモにして自分の机の上に置いて出るようにしている。
3) 戻りが遅くなりそうなときは,いつごろ戻れるか分からないと言うようにしている。
4) 戻ったら皆に戻ったことが分かるように言い,使いを頼まれた人には用事を済ませたと報告している。
5) 急ぐ用事でなければ,時間の無駄にならないよう昼休みの時間を利用して出かけるようにしている。

技 能

24 次の中から，書類を整理・保管する容器ではないものを一つ選びなさい。
1) デスクトレー
2) レターケース
3) キャビネット
4) レターヘッド
5) ファイルボックス

25 次は新人秘書Aが，上司宛ての郵便物のうち，開封しないで上司に渡しているものである。中から不適当と思われるものを一つ選びなさい。
1) 簡易書留や現金書留。
2) 宛名が手書きのもの。
3) 封筒に社名のないもの。
4) 私信か業務用の文書か分からないもの。
5) 封筒に「親展」と書いてあるもの。

26 秘書Aは上司（製造部長）から，資源リサイクル委員会の開催通知状を作成するように指示された。上司は資源リサイクル委員会の委員長である。この場合，発信者名はどのように書けばよいか。次の中から適当と思われるものを一つ選びなさい。
1) 製造部
2) 製造部長
3) 資源リサイクル委員会
4) 資源リサイクル委員会委員長
5) 製造部長兼資源リサイクル委員長

27 新人秘書Aは先輩からレターファイルを見せられ，これと同じ物を5冊買ってくるようにと言われた。そこで文房具店に行ったところ，色違いならあるが同じ物は3冊しかないと言われた。このような場合，Aはどのようにすればよいか。次の中から不適当と思われるものを一つ選びなさい。

1) 取りあえず3冊買っておき，同じ色の物はいつごろ入荷するか確認して帰る。
2) 先輩に電話して，同じ物は3冊しかない。色違いならあるがどうするかと尋ねる。
3) 同じ物が5冊そろったら連絡してもらいたいと言って，Aの電話番号を教えて帰る。
4) ここで3冊買い，その足で近くにある他の店に行き，同じ物があったら買って帰る。
5) 店の人に返品は可能か尋ね，よいということであれば，色違いを入れて5冊買って帰る。

28 次は部長秘書Aが，会議室での部内会議が終わった後に行ったことである。中から不適当と思われるものを一つ選びなさい。

1) 忘れたらしい配布資料があったので破って捨てた。
2) ホワイトボードやテーブルの上を点検して掃除した。
3) エアコンや照明のスイッチを切った。
4) 会議室入り口の「使用中」の表示を元に戻した。
5) 会議室の管理部署に会議が終わったことを連絡した。

(チェック欄)□□□

29 秘書Aは上司から，知人へ送ってもらいたいと写真を渡された。この写真を封筒に入れて送るとき，写真が入っていることを一般的にはどのように表示するか。次の中から**適当**と思われるものを一つ選びなさい。

1)「写真封入」
2)「写真在中」
3)「開封注意」
4)「写真同封」
5)「取り扱い注意」

(チェック欄)□□□

30 秘書Aは上司の出張中，普段したくてもできなかった，次のことをした。中から<u>不適当</u>と思われるものを一つ選びなさい。

1) ブラインドのほこりを，羽根ばたきで払った。
2) 布地張りの応接セットを，化学雑巾で拭いた。
3) 電話機とOA機器を，専用のクリーナーで拭いた。
4) 上司の木製の机と革張りの椅子を，乾いた布で拭いた。
5) 観葉植物の葉を，水でぬらして固く絞った布巾で拭いた。

(チェック欄)□□□

31 秘書Aは上司から，「私の名刺がなくなりそうなので，注文しておくように」と指示された。次は，そのときAが上司に確認したことである。中から<u>不適当</u>と思われるものを一つ選びなさい。

1) 1箱でよいか。
2) いつまでに必要か。
3) どこに注文するか。
4) 内容は前と同じでよいか。
5) 用紙は前と同じものでよいか。

記述問題　　　　　　　　マナー・接遇

（チェック欄）□□□

32　秘書Aは退社しようとしている上司から，「あなたも早く帰りなさい」と声をかけられた。Aは，もう少しで仕事の区切りがつくので，そうしたら退社したいと思っている。このような場合，Aは上司にどのように言うのがよいか。その言葉を「　　」内に答えなさい。

（チェック欄）□□□

33　次の言葉の下線部分を，上司（部長）に言う丁寧な言葉に直して（　　　）内に答えよ。
1)「もしよろしければ，私が<u>しますが</u>」
2)「資料は何部ご用意<u>すればいいですか</u>」
3)「この方を，<u>知って</u>いらっしゃいますか」

記述問題　　　　　　　　　技　能

(チェック欄)

34 下の社内文書に，文書の形式として欠けているものが二つある。それを（　　）内に答えなさい。

　　　　　　　　　　　　　　　　　　　　　　　　　人事発15号
　　課長各位
　　　　　　　　　　　　　　　　　　　　　　　　　人事部長
　　　　　　　　マナー研修会の実施について

　今年度入社の社員を対象に，下記の通りマナー研修会を実施するので，出席させてください。

1　日時　7月9日（火）　9：00～17：00
2　場所　本社第1研修室

なお，6月25日までに出欠を知らせてください。　　　以上
　　　　　　　　　　　　　　　　　　担当　人事部　佐藤
　　　　　　　　　　　　　　　　　　　（内線123）

(チェック欄)

35 次の表は，令和×年5月の「製品別受注数」を示したものである。これを見やすいグラフにしなさい。（注）定規を使わないで書いてもよい。

製品名	A	B	C	D
受注数	5000	1000	2500	4000

　　　　　　　　　　　　　　　　　　　　　（個）

(終わり)

秘書検定 3級新クリアテスト

2012 年 3 月 1 日　　初版発行
2024 年 12 月 20 日　　第 6 刷発行

編　者　公益財団法人 実務技能検定協会 ©
発行者　笹森 哲夫
発行所　早稲田教育出版
　　　　〒169-0075　東京都新宿区高田馬場一丁目4番15号
　　　　株式会社早稲田ビジネスサービス
　　　　https://www.waseda.gr.jp/
　　　　電話（03）3209-6201

落丁本・乱丁本はお取り替えいたします。
本書の無断複写は著作権法上での例外を除き禁じられています。購入者以外の第三者による本書のいかなる電子複製も一切認められておりません。

SECRETARY

06

直前模擬試験
テスト 1
解答&解説編

取り外して使えます PULL UP

この解答・解説編は，本体部分を押さえながら，ていねいに引っ張ると取り外すことができます。

必要とされる資質

1　解答：4)

「解説」　M氏は不意に訪れたのであるから，たとえ面談が終わった後でも上司が会うかどうかは分からない。とすれば上司にM氏来訪の件を伝え，待ってもらうかどうかの指示を得るのが適当な対応となる。

2　解答：5)

「解説」　異動については，たとえ先輩であっても，このような場合教えてはいけないし，仕事柄答えられないと言うのもおかしい。ここは，書類を見ることはないので分からないと言っておくのが上手な対応となる。

3　解答：3)

「解説」　仕事はできることが前提である。または，できて当たり前のことである。従って，できないかもしれないがそれでよいかと確認するようなことではない。

4　解答：3)

「解説」　退社ごろに来客があったということである。定時退社の了承を得ていても，自分の都合に差し支えがない限りで来客の応対をするのが，秘書としての仕事の仕方である。従って，了承を得ていることなので他の人に頼んでもらいたいと言うことは不適当である。

5　解答：3)

「解説」　Aが知らない上司との約束で，取引先のS氏が来訪した。約束したことをAに知らせなかったのはこちら側の手違いで，S氏には何の関係もないことである。従って，言い訳がましいことは言わずに待ってもらい，上司にメモで知らせるというのが適当な対応ということである。

職務知識

6 解答：1)

「解説」　秘書がよりよい補佐をするために，上司について多方面にわたり知っておくことは大切である。しかし休日はプライベートな時間であるから，それをどのように過ごしているかまで知ることは行き過ぎである。上司に関する情報収集をするにしても，あくまで仕事を進める上でのことである。

7 解答：2)

「解説」　上司がコピーをしてほしいのは3枚を2部である。合計6枚であり，すぐできることである。それを「何時ごろまでに必要か」と聞くのはおかしい。

8 解答：4)

「解説」　出張先で面談する予定の取引先には，事前にアポイントを取っているのだから，その予定が変更にならない限り，予定通り出張すればよいわけで，出張すると電話をするのは不適当となる。

9 解答：2)

「解説」　すぐに行くかどうかは，上司である部長が決めることである。秘書が上司に確認しないで，すぐに伺いますという言い方をするのは，秘書が上司の行動を決めたことになる。従って，不適当となる。

10 解答：2)

「解説」　上司の留守に訪れた人は，その用件や上司の帰社時間によっては，秘書へ伝言しておくことで用を済ませることができる。秘書としては「用件があれば聞いておこうか」と申し出るぐらいであるべきである。

・試験1週間前まで・・・①3回分（計100問程度）の問題を解き，解答・解説を読んで何が問われているかを知る。

一般知識

11 解答：3)

12 解答：2)
「解説」 1) 一般的に監査は監査役であり，取締役ではない。
3) 係長はロアマネジメント。
4) 人事部はスタッフ部門。
5) 人事計画はマーケティングではない。

13 解答：1)
「解説」 プログラムやデータを，あるコンピューターからそれに接続した下位のコンピューターに転送すること。

マナー・接遇

14 解答：1)
「解説」 「ご苦労さま」は相手の骨折りをねぎらうときに言う言葉であり，上司や目上の人には使わない。この場合は，「お疲れさまでした」と言うのがよい。

15 解答：2)
「解説」 サイドテーブルがないときは，応接室内でお盆の上で茶たくに茶わんを載せてから出すとよい。茶たくと茶わんを別々に客に出すことはしない。

16 解答：3)

「解説」 報告の原則は，まず「結論」を述べ，それから必要に応じて「理由」「経過」を述べる。このケースのように，期待通りの結果が得られない場合は，結論を言うことをためらうことは心情的には理解できるが，そうであるからこそ，まず事実である「結論」を述べなくてはならない。

17 解答：2)
「解説」 たとえ後輩のミスでも注意されたら素直に謝り，後で後輩と話し合う。

18 解答：4)
「解説」 「伺う」は謙譲語なので，来客には尊敬語を使い「お聞きになってください」または「お尋ねください」がよい。

19 解答：1)
「解説」 ちょっと席を立つということは，戻ってくるまでにそんなに時間はかからないということである。不在が大げさにならないようなやり方で席を立つのがよいということである。

20 解答：3)
「解説」 名刺を受け取って相手を確認するとき，会社名や氏名を口に出して確認するのはよいが，裏を確かめてからするというのは感じが悪い。基本的には，来客の名刺は取り次げばよいので，その場で裏を確かめる必要はない。

21 解答：4)
「解説」 特別な場合は別として，受話器は片手（左手）で持つものである。また電話をかけるときも受けるときも，メモが取れるようにしなければいけない。両手で受話器を持っているとメモが取れない。

・1週間前まで・・・③「クイックマスター」「集中講義」などの参考書で，その領域を復習する。

22 解答：2)

「解説」 香典に限らず現金を贈るときは，一般的には紙幣になるが，最大額の紙幣で贈る額にそろえるのが慣例になっている。別の言い方をすると，最大額の紙幣でそろえられるのに，小額紙幣でそろえるのは不適当ということであり，確認するまでもないことを確認するのは不適当ということである。

23 解答：5)

「解説」 話を聞いていて理解ができないことがあったら，質問することは必要である。しかし，議論ではない一般的な話の聞き方としては，つじつまが合わないと言ってそれを指摘することは適当とはいえない。

技　能

24 解答：5)

「解説」 郵便物の取り扱いは秘書の仕事である。従って開封する，しないは秘書の判断によることになるが，開封してよいかどうか判断できないものは，開封をしない方が無難である。そのまま上司に渡せばよいということである。

25 解答：3)

「解説」 上司の机上の本や資料は，使用途中ということもあるので，元に戻すのは確認が必要である。

26 解答：5)

「解説」 フタツ，ミッツなどと読む場合（漢語）は漢数字で書く。その他漢数字で書くものは，①固有名詞，②成語など。

27 解答：4)

「解説」 開封した文書を，封筒とともにクリップなどで留めて渡すのはよい。しかし渡すときは，重要なものや急を要するものを上にする。発信日付の順は，渡し方には何の関係もない。

28 解答：4)

「解説」 頭語として，拝啓，謹啓などと書くところを，返事の手紙（復信）という意味で拝復と書くので，結語には，敬具，敬白などを使う。

29 解答：5)

「解説」 席順というものは，大げさにいえばその人の名誉に関わるような性格をもっている。従って，どのような場合でもおろそかにしてはいけないものである。慣例などで決まっている場合は別として，奥からでよいかなどと勝手な判断をしてはいけないし，人数が少ないという問題ではない。

30 解答：4)

「解説」 書留には「一般書留」「簡易書留」「現金書留」の3種類がある。

31 解答：1)

「解説」 「チェックライター」とは，小切手などに金額を刻字する器具のことである。

記述問題　　マナー・接遇

32 解答例
「ただ今山本と代わりますので,少々お待ちいただけませんでしょうか」
「ただ今山本に取り次ぎますので, 少々お待ちいただけませんでしょうか」

33 解答
取引先の部長　　④
取引先の課長　　③
当社の部長　　　②
当社の課長　　　①

記述問題　　技　能

34 解答例
1　日　時　　11月7日（木）　午後5時～6時
2　場　所　　第2会議室
3　対　象　　新入社員全員

35 解答

右図参照

社員数を年代別に比較するのだから,分かりやすいのは棒グラフということになる。「タイトル」,「社員数と（人）」,「目盛り」,基点の「0」,「年代数と（年代）」は必ず記入すること。

A社年代別社員数（令和×年12月現在）
(人)
- 20代: 20
- 30代: 35
- 40代以上: 30

・あと2～3日・・・記述問題の弱いところ（たとえば伝言メモ, 社内文書の書き方, 返信はがきの書き方など）を復習。

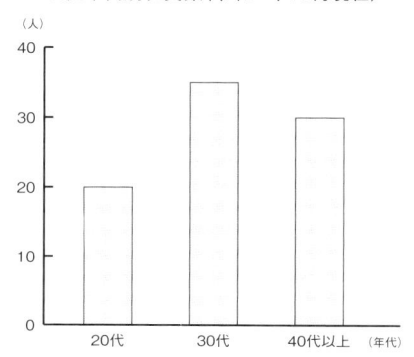

SECRETARY

07

本試験問題
テスト2
解答&解説編

◎設問ごとの難易度ランクを付けていますので,参考にしてください。

職務知識

1 解答：3)　　　　　　　　　　　　　　　　難易度ランク ★★★★

「解説」 上司は，Aがメモを持って応接室に入ってきた時点で，急いで指示を仰ぎたいことがあって来たのだと分かるはずである。また，急いでいることはメモに書いておけば済むことでもあるから，面談中の上司に，指示を促すような言い方をするのは不適当ということである。

2 解答：4)　　　　　　　　　　　　　　　　難易度ランク ★

「解説」 親しげな言い方というだけで相手を特定してはいけない。間違えることもあり，作為の親しげな電話もあるからである。相手が見えない電話での相手の確認は声でするより方法がない。秘書としては，どのような場合でも相手を確認してから取り次がないといけないということである。

マナー・接遇

3 解答：4)　　　　　　　　　　　　　　　　難易度ランク ★★★

「解説」 雑な歩き方とは，大またで歩くとか靴を引きずって歩くなどのだらしのない歩き方のことである。これらを丁寧な立ち居振る舞いとしての歩き方にするには，きちんとした態度と歩調にすることになる。歩幅を小さくしてゆっくり歩くようにという注意は不適当ということである。

必要とされる資質

4 解答：4)　　　　　　　　　　　　　　　　難易度ランク ★★★★★

「解説」 上司が指示後に内容の変更をするのは，その後に状況が変わったからである。秘書としてもそれに対応しないと秘書の意味がなくなる。

・1時間前から5分前・・・暗記モノを中心に，苦手な分野の見直し。電車の中や試験会場でぎりぎりまでやる。

変更するには労力や時間がかかるとしても，それをするのが仕事である。従って，変更するなら出来上がりが遅くなるなどと言うのは不適当ということである。

5 解答：2) 　　　　　　　　　　　　　　　　　難易度ランク ★★★★

「解説」　この言い方だと上司に，すぐに専務室に行くよう指示していることになる。専務からであっても，すぐに行けるかどうか分からないので，「専務から，すぐにおいでいただきたいとのことですが，どのようにご返事いたしましょうか」のように言うことになる。

6 解答：2) 　　　　　　　　　　　　　　　　　難易度ランク ★★★★

「解説」　名前の文字というのは，それ以外にない絶対的なものである。従って，間違っていれば直すのが当然という性質のものでもある。また，直すのは祝賀パーティーの同行者である課長の名前ということであり，上司のうっかりミスをいちいち確認する必要はないということである。

7 解答：4) 　　　　　　　　　　　　　　　　　難易度ランク ★★★

「解説」　今日中にやらないといけない仕事である。それぞれに仕事もありその後の都合もあるが，お互いが都合を付け合って，何としてもやらないといけないことである。このような場合は，やるという前向きの姿勢が必要で，急には困るとか何とか都合を付けようかなどの言い方は不適当ということである。

8 解答：3) 　　　　　　　　　　　　　　　　　難易度ランク ★★

「解説」　電話番号が必要と決まったわけではないのだから，話の内容を聞いているとか，上司の机まで持っていくなどは気の利かせ過ぎである。耳に入ってくる話から，必要を察してそれに対して準備をし，聞かれたらすぐに言えるようにしておくぐらいが，気を利かせた対応ということである。

・1時間前から5分前・・・「一般知識」や「マナー・接遇」「技能」の用語を眺めておく。

職務知識

9 解答：3) 難易度ランク ★★

「解説」 不意の客でも，応接室に通した客である。これから上司と面談をすることになるのだから，予約客と同じようにお茶の接待はしなければいけない。お茶を出すかどうかは確認するまでもないことなので不適当ということである。

10 解答：5) 難易度ランク ★★★★★

「解説」 上司不在中は秘書が留守を預かっていて，このように会議の資料が配布されたときなどはそれを預かっておくことが秘書の役目になる。従って，部長会の資料は，配布先の部長が不在なら，その秘書に預けるのがよいことになる。上司に確認するようなことではないので不適当ということである。

11 解答：3) 難易度ランク ★★★

「解説」 4時までには間に合いそうもないことを4時までにしてもらいたいと言われたのである。4時までにできる何か方法を考えておいて取りかからないと，上司の指示に応えることはできない。できるところまでやってみて4時ごろ報告する，というのでは間に合わせられないので不適当ということである。

一般知識

12 解答：3) 難易度ランク ★★★★

「解説」 「慶事」とは，結婚，賀寿などの喜びごとのこと，「催事」とは，展示会などの催しのことである。反対の意味の用語の組み合わせではないので不適当ということである。「慶事」の反対の意味を持つ用語は「弔事」である。

・試験が始まったら・・・①普通に解けば時間には余裕があるはず（1問約3分以上ある）。

SECRETARY 07　本試験問題　テスト２　解答＆解説 編

13　解答：3)　　　　難易度ランク ★★

「解説」「シニア」とは，年長者，上級者のことである。

14　解答：3)　　　　難易度ランク ★★★

マナー・接遇

15　解答：5)　　　　難易度ランク ★★★★

「解説」　一般的には，このようなことは上司にとってはどうでもよいことなのである。どうしたらよいかと書いたメモを置かれても，かえって上司を煩わすことになる。このようなことは，Aが適当に処理すればよいこと，ということである。

16　解答：5)　　　　難易度ランク ★★★

17　解答：4)　　　　難易度ランク ★★★

「解説」「ご足労」は，わざわざ出向いてもらったときに，その人に言う敬語である。この場合の上司は，Aが頼んで来てもらったのではないので，Aの席まで来たにしても，「ご足労くださり」とは言わない。「恐れ入ります。どのようなご用でしょうか」でよい。

18　解答：4)　　　　難易度ランク ★★

「解説」　名前をよく聞き間違えるというのは，Bに注意が足りないからである。従って，少しくらいはっきりしなくても，聞き分けられるくらいの注意力を養うようにしないといけないことになる。それをしないで，二度言ってもらうようにと注意するなどは不適当ということである。

・試験が始まったら・・・②記述問題（4問）を見て，分かればすぐに取りかかる。または，必要時間配分を考えておく。

| 19 | 解答：5) | 難易度ランク ★★★

「解説」　朝のあいさつは儀礼的なものであるが，そのときのその人の状況に合わせた一言を付け加えると，感じのよいあいさつになる。加えることは，返答がなくても気にならない程度のものがよい。「今日はどうしてお早いのですか」は，早く出勤した課長の事情を詮索するようなことになるので不適当ということである。

| 20 | 解答：4) | 難易度ランク ★★★

「解説」　この場合は「確認してください」ということだが，この言い方は命令的な言い方になる。また，これに「ご」や「ませ」をつけた言葉遣いはない。敬語を使った丁寧な言い方は，「確認なさってくださいませ」，あるいは「ご確認くださいませ」のようになる。

| 21 | 解答：2) | 難易度ランク ★★★

「解説」　「ご苦労さま」は，その人の苦労をねぎらう意味で言う言葉だが，目上の人には使わないことになっている。従って，退社する目上の社員に言うのは不適当ということになる。「お疲れさまでした」と言うのがよい。

| 22 | 解答：3) | 難易度ランク ★

「解説」　秘書はビジネスの場で仕事をするのだから，女性的とかかわいいとか言われるような話し方は不適切である。落ち着いてきちんとした調子の話し方がよいわけで，そのような話し方は歯切れのよい，はっきりした話し方であるということである。

| 23 | 解答：3) | 難易度ランク ★★★

「解説」　秘書であってもなくても外出するときは，戻りの予定時刻を上司か周りの人に知らせておくというのが，ビジネスの場での行動の仕方である。従って，遅くなるならなるでその時刻を知らせておかないといけない。いつ戻れるか分からないなどと言うのは不適当ということである。

技 能

24 解答：4) 難易度ランク ★★★

「解説」「レターヘッド」とは，便箋の上部に印刷されている会社名，所在地，電話番号などのことで，書類を整理・保管する容器ではない。

25 解答：2) 難易度ランク ★★★

「解説」 手書きの宛名が私信，印刷の宛名が業務用の文書とは限らない。従って，宛名が手書きの郵便物を私信とみて，開封しないで上司に渡しているのは不適当ということである。

26 解答：4) 難易度ランク ★★★

「解説」 Aの上司が製造部長であっても，作成するのは資源リサイクル委員会の文書なのだから製造部長は関係がない。また，委員会の開催通知だから発信者名は委員長になる。従って，「資源リサイクル委員会委員長」が適当ということになる。

27 解答：3) 難易度ランク ★★

「解説」 希望するレターファイル5冊のうち3冊はあったのだから，この3冊は買っておき，後は先輩の都合に合わせるか別の方法で手に入れるのがよいことになる。必要があって今買いに来ているのに，5冊そろったら連絡してもらいたいとAが勝手に決めてくるのは不適当ということである。

28 解答：1) 難易度ランク ★★★

「解説」 部内会議の資料の忘れ物だから，持ち主は部内の人である。資料が必要なものかどうかはその人によるのだから，探して渡すのが後始末をする人の仕事。破って捨てたなどは不適当ということである。

・試験が始まったら・・・④その際，マークの「行」をずらさないために取りあえず塗りつぶしておく。

| 29 | **解答**：2) 　　　　　　　　　　　　　　　　　　難易度ランク ★★★★

「**解説**」 「写真在中」と表示するのは，中に写真が入っているから折らないでもらいたいという注意書きである。この言葉は，このような場合の決まり文句なので適当ということになる。

| 30 | **解答**：2) 　　　　　　　　　　　　　　　　　　難易度ランク ★★★

「**解説**」 化学雑巾は，不織布などに薬品をしみ込ませたものである。従って，布地張りの応接セットを拭けば，薬品が布地についてしまうので不適当ということである。布地張りの応接セットのほこりを払うなら，静電気でほこりを取るはたきか，ブラシを使うのがよい。

| 31 | **解答**：3) 　　　　　　　　　　　　　　　　　　難易度ランク ★★★

「**解説**」 普通，会社で使う名刺は会社が印刷業者に注文して作る。個人で特別に作る場合もあるが，それならその業者に頼めばよい。どこに注文するかなどと，上司に確認するようなことではないということである。

記述問題　　マナー・接遇

32　解答例　　　　　　　　　　　　　　　　　　難易度ランク ★★★

ありがとうございます。もう少しで区切りがつきますので，そこまで終わりましたら，帰らせていただきます。では失礼いたします。

「解説」　上司はAを気遣って声をかけてくれたのだから，最初に，それに対するお礼の言葉，最後に，上司は退社しようとしているのだから，そのあいさつの言葉が必要である。

33　解答例　　　　　　　　　　　　　　　　　　難易度ランク ★

1) いたします
2) よろしいでしょうか
3) ご存じで

記述問題　　技　能

34　解答　　　　　　　　　　　　　　　　　　難易度ランク ★★

1. 発信日付
2. 記

「解説」　「発信日付」は右上の文書番号の下，「記」は主文と箇条書きの間に書かれるもので，それが文書の形式である。

・途中から終了前まで・・・開始後60分を越えたら，やり残しの問題数が『理論』と『実技』別に偏りがないかチェック。

| 35 | **解答例** | 難易度ランク ★★

下図参照

「解説」 受注数を表すのだから，棒グラフが分かりやすい。「タイトル」，受注数の「目盛り」，数字の基点になる「0」，「製品名」は必ず記入すること。

令和×年5月「製品別受注数」

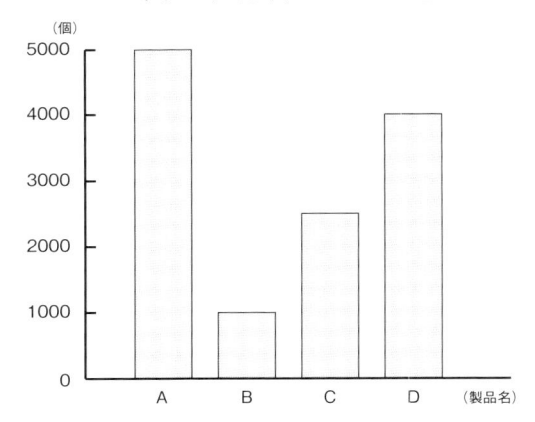

(個)
- 5000: A
- 4000: D
- 2500: C
- 1000: B

横軸：A, B, C, D （製品名）

秘書検定 3級新クリアテスト
解答・解説編

2012 年 3 月 1 日　初版発行
2024 年 12 月 20 日　第 6 刷発行

編　者　公益財団法人 実務技能検定協会 ©
発行者　笹森 哲夫
発行所　早稲田教育出版
　　　　〒169-0075　東京都新宿区高田馬場一丁目4番15号
　　　　株式会社早稲田ビジネスサービス
　　　　https://www.waseda.gr.jp/
　　　　電話（03）3209-6201

落丁本・乱丁本はお取り替えいたします。
本書の無断複写は著作権法上での例外を除き禁じられています。購入者以外の第三者による本書のいかなる電子複製も一切認められておりません。